Gabriele Moser

Ärzte, Gesundheitswesen und Wohlfahrtsstaat

Neuere Medizin- und Wissenschaftsgeschichte.
Quellen und Studien

herausgegeben von Prof. Dr. Wolfgang U. Eckart

Band 21

Gabriele Moser

Ärzte, Gesundheitswesen und Wohlfahrtsstaat

Zur Sozialgeschichte des ärztlichen Berufsstandes in Kaiserreich und Weimarer Republik

Centaurus Verlag & Media UG

Zur Autorin:
Dr. phil. Gabriele Moser, Studium der Geschichte, Kunstgeschichte und Germanistik in Freiburg i.Br. 1988 Magisterarbeit zur Sozialgeschichte des deutschen Ärztestandes in Kaiserreich und Weimarer Republik, die hier in einer geringfügig überarbeiteten Druckfassung vorgelegt wird. Promotion in Basel/CH zur Dr. phil. mit einer Arbeit über Sozialhygiene und öffentliches Gesundheitswesen („Im Interesse der Volksgesundheit ...", VAS-Verlag, Frankfurt/Main 2002).
Forschung und Publikationen zur Geschichte der Medizin und des Gesundheitswesens im 20. Jahrhundert, darunter Fragen der Arbeitsmedizin und der Gewerbehygiene, zum medizinischen Begutachtungswesen und der Theorie der Rentenneurose.
Mitarbeiterin im Projekt „Das Robert Koch-Institut im Nationalsozialismus" (Erforschung der Pestimpfstoffentwicklung im Zweiten Weltkrieg, s. „Infektion und Institution", hg. v. M. Hulverscheidt u. A. Laukötter, Wallstein-Verlag, Göttingen 2009) und Mitglied der Forschergruppe zur DFG-Geschichte („Deutsche Forschungsgemeinschaft und Krebsforschung 1920-1970", Steiner Verlag, Stuttgart 2011).
Seit 2003 drittmittelgeförderte wissenschaftliche Mitarbeiterin im Institut für Geschichte und Ethik der Medizin an der Universität Heidelberg.

Bibliografische Information der Deutschen Bibliothek:

Bibliographische Information der Deutschen Bibliothek:
Die deutsche Bibliothek verzeichnet diese Publikation in der
Deutschen Nationalbibliographie; detaillierte bibliographische
Daten sind im Internet über http://dnb.d-nb.de abrufbar.

ISBN 978-3-86226-042-3 ISBN 978-3-86226-948-8 (eBook)
DOI 10.1007/978-3-86226-948-8

ISSN 0949-2739

Umschlagabbildung: Transparent für Ärzte (Juli 1930).
(Quelle: Bundesarchiv Bilddatenbank, Bestand 102 – Aktuelle-Bilder-Centrale, Georg Pahl. Signatur: Bild 102-10128)

Umschlaggestaltung: Jasmin Morgenthaler

Satz: Vorlage der Autorin

Gliederung

Gliederung

Auch die sogenannten gebildeten Berufe bilden durchaus keine eigene Klasse. Man hat sie zwar als solche auszugeben versucht, vielmehr (was praktisch auf dasselbe herauskommt) als ein freischwebendes Wesen, das mit seiner Kraft, zu denken und übersichtlich zu urteilen, von den interessierten Vorurteilen der Klasse, worin es geboren, sich loszulösen imstande ist.

Freischwebende Intelligenz ist ein Schein; gerade ihre Wortführer haben sich fest niedergelassen, und zwar allemal bei der herrschenden Klasse oder mindestens in deren Nähe.

(Ernst Bloch, Der Intellektuelle und die Politik. 1938)

0. Einleitung

„Durch die Geschichte aller Zeiten und Staaten schreitet der Arzt als unentbehrlicher Helfer in Not, Sorge und Krankheit ... [Er] übernimmt für ein ganzes Leben die große und ernste Verpflichtung, sein Können für Kranke jeder Art, ob arm, ob reich, ob ansteckend, zur Verfügung zu stellen, jedem, der seine Hilfe begehrt, unbeschadet seiner religiösen und politischen Anschauung, nach bestem Wissen und Gewissen zu dienen und keine Mühe im Dienste der Erkrankten zu scheuen."[1]

Das Bild vom zeit- und geschichtslosen Arztberuf, das der damalige Vorsitzende der beiden ärztlichen Spitzenverbände Alfons Stauder im Februar 1933 für das breite Lesepublikum der *Leipziger Illustrierten Zeitung* malte, sollte sich schon wenige Wochen später ganz erheblich verändern. Nach der NS-Machtübernahme wurde als Vorbedingung für die Zulassung zur Kassenpraxis der Nachweis „nationaler Zuverlässigkeit" und „nichtjüdischer Abstammung" gefordert; ein Arzt, der diesen nationalen Anforderungen nicht genügte, war für den Dienst am (deutschen) Kranken ungeeignet.

Der *Deutsche Ärztevereinsbund*, die 1873 gegründete Dachorganisation der ärztlichen Standesvereine in Deutschland, dem seit 1903 auch der Hartmannbund angehörte, protestierte nicht nur nicht gegen dieses „wesensfremde" Eindringen der Politik in den Ärztestand, sondern nutzte vielmehr die in der Weimarer Republik aufgebauten internationalen Beziehungen zu Ärzteverbänden der ganzen Welt, um diese von der Unterstützung der aus Deutschland emigrierenden Ärzte abzuhalten und sie auffordern, den Flüchtlingen keinesfalls Arbeitsmöglichkeiten im Ausland nachzuweisen.[2]

Viele Anzeichen, nicht nur der weit über den Organisationsgrad anderer akademischer Berufsgruppen hinausgehende Anteil von NSDAP-, SA- oder SS-Mitgliedern unter den Ärzten[3], sprechen dafür, daß der Nationalsozialismus für den deutschen Ärztestand durchaus attraktiv war. Das „unpolitische Wesen" des Arztberufes, das Hans Schadewaldt zur Formel des „Medicus neuter"[4] verdichtet hatte, gründete sich nach ärztlichem Selbstverständnis auf „reine medizinische Wissenschaft", vor deren Objektivität nicht nur parteipolitische Einstellungen zu

---

1 Alfons Stauder: Arzt und Staat; in: Leipziger Illustrierte Zeitung, Nr. 4589 (23.2.1933), Sonderheft „Arzt und Volk", S. 232-233, S. 232.

2 Schadewaldt, Hans: 75 Jahre Hartmannbund. Ein Kapitel deutscher Sozialpolitik. Bonn, Bad Godesberg 1975, S. 143.

3 Vgl. hierzu Kudlien, Fridolf: Ärzte als Anhänger der NS-„Bewegung", in: Kudlien u.a. 1985, S. 18-34.

4 Schadewaldt 1975, S. 3, 14 und weitere Stellen.

schweigen hatten, sondern in dem auch die Einbeziehung gesellschaftlicher Realität keinen Ort hatte. Hans-Georg Güse und Norbert Schmacke haben diese Grundlinien wie folgt zusammengefasst: „Angesichts des Glaubens an den Führergedanken und den Obrigkeitsstaat, der idealistischen, antitechnischen und antizivilisatorischen Einstellungen, des hilflosen Antikapitalismus und aggressiven Antikommunismus, der nationalistisch-militaristischen Grundhaltung und des bereits im 19. Jahrhundert angelegten Rassismus und Sozialdarwinismus, wird es verständlich, daß die organisatorische Gleichschaltung der Ärzteschaft durch den Faschismus auf so geringen Widerstand stieß."[5]

Die Folgen der so zwanglosen Integration der Mehrheit der Ärzte im NS-Staat, der kurz darauf die berufliche Stellung des Arztes in der Reichsärzteordnung vom 13. Dezember 1935 als „freien Beruf" festschrieb, die bis dahin gültige Unterstellung des Arztes unter die Gewerbeordnung aufhob und den Arztberuf als „Dienst an der Gesundheit des einzelnen Menschen und des gesamten Volkes" als gesetzlich geregelte „öffentliche Aufgabe"[6] charakterisierte, sind bis in unsere Gegenwart zu spüren. Erst seit dem *Gesundheitstag 1980*, der unter dem Thema „Medizin und Nationalsozialismus. Tabuisierte Vergangenheit – Ungebrochene Tradition?"[7] erstmals in breiterem Rahmen die wissenschaftliche Auseinandersetzung mit dem Verhalten der Ärzte im Nationalsozialismus aufnahm, wird von einem Teil der Ärzte und Medizinstudierenden das erforscht, was Standespolitiker bisher zu verhindern wußten: Das Tabu-Thema menschenverachtender und menschenvernichtender medizinischer Experimente, die zehntausendfachen Zwangssterilisationen und Tötungen von kranken, von politisch oder religiös andersdenkenden Menschen durch Ärzte, die „Medizin ohne Menschlichkeit".[8]

Unter diesem Titel hatten Alexander Mitscherlich und Fred Mielke eine Dokumentation der Nürnberger Ärzteprozesse 1946/47 erstellt, die im Auftrage der Arbeitsgemeinschaft Westdeutscher Ärztekammern in einer Auflage von 10.000 Exemplaren gedruckt wurde. An einer Verbreitung der Ergebnisse waren die damaligen Standespolitiker aber nicht interessiert. Die gesamte Auflage blieb unter

5 Güse, Hans-Georg/Norbert Schmacke: Psychiatrie zwischen bürgerlicher Revolution und Faschismus (2 Bde.). Kronberg/Ts. 1976, Bd. 2, S. 354.

6 Reichsgesetzblatt I, 1935, S, 1433-1444; zit. n. Steinhoff, Hagen: Die Wirkungen der Deutschen Ärztetage seit ihrem Beginn 1873 auf die Entstehung, das Werden und Wachsen des ärztlichen Berufsrechts (Diss. Med.). Düsseldorf 1974, S. 133-144, S. 133.

7 Baader, Gerhard/Ulrich Schultz (Hg.): Medizin und Nationalsozialismus. Tabuisierte Vergangenheit – ungebrochene Tradition? Berlin/West 1980.

8 Mitscherlich, Alexander/Fred Mielke: Wissenschaft ohne Menschlichkeit. Medizinische und eugenische Irrwege unter Diktatur, Bürokratie und Krieg. Mit einem Vorwort der Arbeitsgemeinschaft der Westdeutschen Ärztekammern, Heidelberg 1949. Spätere Ausgaben erschienen unter dem Titel „Medizin ohne Menschlichkeit. Dokumente des Nürnberger Ärzteprozesses" (Taschenbuchausgabe, Frankfurt a.M. 1985).

Verschluß, wie die Autoren anhand der ausbleibenden Reaktionen feststellen mußten. Dem Weltärztebund allerdings hatte das Buch vorgelegen. Er wertete die Herausgabe durch die Ärztekammern als Anzeichen der Aufarbeitung der jüngsten Geschichte des deutschen Ärztestandes und nahm die deutschen Ärzte als Mitglied auf.[9]

Vierzig Jahre später befaßte sich der 90. Deutsche Ärztetag – unprogrammgemäß – mit dem Verhalten der Ärzteschaft im Nationalsozialismus. Unter dem Titel „Die Vergangenheit wird bewältigt" erschien ebenfalls 1987 ein groß herausgestelltes Interview mit dem Vorsitzenden der Bundesärztekammer und des Ärztetages, Karsten Vilmar, der die Dokumentation von Mitscherlich und Mielke als Beweis für den sofortigen Beginn der Aufarbeitung der Ärzteschaft anführte.[10]

Die Geschichte des Ärztestandes in der Weimarer Republik dagegen war bislang nur für die – sich selbst so bezeichnenden – „Standeschronisten" aus dem Umkreis des Ärzteblattes, des Hartmannbundes oder des Marburger Bundes im Rahmen der Geschichte ihrer jeweiligen Organisation von Interesse.[11] Dagegen finden sich nur selten Aufsätze, die kritisch die Standespolitik der Ärzte untersuchen[12] oder die professionspolitische Entwicklung des Arztberufs bis in die Weimarer Republik verfolgen[13]. Auch die Anzahl der Dissertationen zu diesem Thema ist außerordentlich gering, und oft handelt es sich um sehr speziell zugeschnittene Fragestellungen.[14] Sozialgeschichtliche Untersuchungen zum Ärzte-

---

9 Zur Rezeptionsgeschichte s. ebd., S. 7-17.

10 Deutsches Ärzteblatt 18, 30.4.1987, S. 767-779. Das Interview führte Kurt Gelsner.

11 Schadewaldt 1975, Gelsner, Kurt: Der Marburger Bund. Chronik der organisierten Krankenhausärzte, Frankfurt a.M. u.a. 1985, am Rande auch Norbert Jachertz: Vor 50 Jahren: Gleichschaltung im Deutschen Ärzteblatt; in: Deutsches Ärzteblatt 1983, H. 26, S. 19-21, S. 21-24; H. 29, S. 12-16; H. 30, S. 50-55.

12 Parlow, Siegfried/Irina Winter: Der Kampf der ärztlichen Standesorganisationen gegen die Krankenkassen in der Weimarer Republik, in: Gaedt, Christian/Udo Schagen (Hg.): Entwicklung und Struktur des Gesundheitswesens. Argumente für eine soziale Medizin (V) (= Argument Sonderband AS 4), Berlin/West 1974, S. 46-72, Peter Schmiedebach: Ärztliche Standeslehre und Standesethik 1918-1945; in: Baader/Schulz (Hg.) 1985, S. 64-72, Ulrich Clever: Die Geschichte der Standesorganisationen und ihre oppositionellen Alternativen, in: ebd., S. 75-82.

13 Kater, Michael H.: Professionalization and Socialization of Physicians in Wilhelmine and Weimar Germany, in: JCH 20, 1985, S. 677-701, Ders.: Physicians in Crisis at the End of the Weimar Republic, in: Stachura, Peter D. (ed.): Unemployment and the Great Depression in Weimar Germany, London 1986, S. 49-77, Jarausch, Konrad H.: Die Not der geistigen Arbeiter: Akademiker in der Berufskrise 1918-1933, in: Abelshauser, Werner (Hg.): Die Weimarer Republik als Wohlfahrtsstaat. Zum Verhältnis von Wirtschafts- und Sozialpolitik in der Industriegesellschaft, Stuttgart 1987, S. 280-299.

14 Steinmann, Reinhard: Die Debatte über medizinische Versuche am Menschen in der Weimarer Republik (Diss. med.), Tübingen 1975, Klasen, Eva-Maria: Die Diskussion über eine

stand fehlen hier ebenso wie medizinhistorische Arbeiten, weshalb man weitgehend auf die Literatur zur Erforschung der Medizin im Nationalsozialismus angewiesen ist[15], die zumeist auch die Zeit der Weimarer Republik streifen.

Das Publikationsorgan des „Deutschen Ärztevereinsbundes", in dem während der Jahre der Weimarer Republik über drei Viertel der deutschen Ärzte Mitglied waren, stellt eine bislang nur für die Zeit des Zweiten Weltkrieges bearbeitete Quelle[16] dar. Dies steht im Gegensatz zu ihrer großen Verbreitung, denn als Mitgliederzeitung erreichte sie 1930 immerhin über 40.000 Ärzte[17], aber auch zu der Breite der veröffentlichten Stellungnahmen zu vielen relevanten Themen, die zum Teil in freier Mitarbeit durch bekannte Wissenschaftler oder in öffentlichen Ämtern tätige Ärzte vorgestellt wurden. Auch die regelmäßige Berichterstattung von Geschäftsausschußsitzungen und Ärztetagen[18] stellt eine ungewöhnlich ergiebige Quelle für die sozialhistorische Untersuchung dar.

„Krise" der Medizin in Deutschland zwischen 1925 und 1935 (Diss. med.), Mainz 1984, Müller, Joachim: Sterilisation und Gesetzgebung bis 1933 (= Abhandlungen zur Geschichte der Medizin und der Naturwissenschaften H.49), Husum 1985. Für die Psychiatriegeschichte und die Geschichte deutscher Psychiater liegen einige Arbeiten vor: vgl. die grundlegende Publikation von Güse/Schmacke 1976 und neuerdings die Dissertation von Hans Ludwig Siemen: Menschen blieben auf der Strecke ... Psychiatrie zwischen Reform und Nationalsozialismus. Gütersloh 1987.

15 Eine umfangreiche Bibliographie hierzu findet sich bei Hans-Ulrich Deppe: Krankheit ist ohne Politik nicht heilbar, Frankfurt a.M. 1987, S. 245 ff.; vgl. außerdem die Reihe Beiträge zur nationalsozialistischen Gesundheits- und Sozialpolitik, 1985 ff. und 1999. Zeitschrift für Sozialgeschichte des 20. und 21. Jahrhunderts, 1987 ff. sowie die zahlreichen Publikationen aus deren Umfeld.

16 Die einzige mir bekannte Dissertation, die sich auf die Auswertung des „Deutschen Ärzteblattes" stützt, stammt von Ulrich Kügele: Der deutsche Arzt im Zweiten Weltkrieg – im Spiegel des Deutschen Ärzteblattes (Diss. Med.), Düsseldorf 1974. Die „Münchener Medizinische Wochenschrift" dagegen wurde in mehreren Dissertationen – allerdings in sehr unterschiedlicher Qualität – untersucht, vgl. im Literaturverzeichnis Ellersdorfer 1977, Maerz 1977 und Meyer 1979.

17 Auflagenhöhe laut Deutsches Ärzteblatt (im folgenden abgekürzt: DÄbl., der Vorläufer war bis 1930 das Ärztliche Vereinsblatt (ÄVbl.)), Nr. 1 (1.1.1930), S. 1: 40.200 Exemplare.

18 Herausgegeben wurde das ÄVbl./DÄbl. im Selbstverlag des Ärztevereinsbundes durch den Generalsekretär. Ein festangestellter Schriftleiter, bis 1933 nahm Sanitätsrat Siegmund Vollmann diese Aufgabe wahr, verfaßte gut ein Drittel der Beiträge, der Rest setzte sich zusammen aus Bekanntmachungen von Beschlüssen oder Tagungsergebnissen medizinischer Gesellschaften und zugesandten Beiträgen. Ab 1925 enthält jeder Jahrgang, die bis 1929 fortlaufend numeriert sind (1929 Doppelzählung, ab 1930 Jahrgangszählung mit drei Ausgaben pro Monat), einen „Stenographischen Bericht" des Ärztetages als Sonderheft. Da dies öffentliche Stellungnahmen zu in der Regel wichtigen Berufsfragen sind, kommt den hier abgedruckten Referaten, Reden und Redebeiträgen von den Delegierten besondere Bedeutung zu; auch die stenographierten Äußerungen aus dem Publikum geben manchen Aufschluß.

Im ersten Teil dieser Arbeit, der sich mit der Entstehung des Arztberufes in seiner heute noch existenten Form als freier Beruf mit akademischer Ausbildung, der Entwicklung der Ärztevereine zu schlagkräftigen Standesvertretungen[19] und der Einwirkung der Versicherungsgesetzgebung auf den Arztberuf befaßt, wird lediglich aus ‚standeshistorischen' Rückblicken das Ärzteblatt zitiert; der Schwerpunkt dieses Teiles liegt auf der Zusammenfassung der wichtigsten Entwicklungslinien des Arztberufes bis zum Ende des Ersten Weltkrieges.

Der Hauptteil der Arbeit gliedert sich in zwei Themenkomplexe. Zum einen ist dies die Stellung des freien Arztes in der Gesellschaft des 20. Jahrhunderts. Der Selbstdarstellung des Arztberufes als „über der Gesellschaft stehend", nicht durch Interesse an Geld oder politischem Einfluß beeinträchtigter Tätigkeit, wie sie in der Verbandszeitung artikuliert wird, werden Untersuchungsergebnisse zur sozialen Zusammensetzung der standespolitisch aktiven Ärzte und der Medizinstudierenden gegenübergestellt. Gemeinsam mit den spärlichen Angaben über die tatsächlichen Einkünfte des Durchschnittsarztes ergibt sich hieraus eine Widerlegung der These von der „Proletarisierung" des Ärztestandes in der Weimarer Republik.

Der folgende thematische Schwerpunkt behandelt die Sichtweise des Arztes auf den Kassen-Kranken. Mit Hilfe der Fortschritte naturwissenschaftlich fundierter Diagnostik der akademischen Medizin, ihrer Durchsetzung in der seit dem letzten Viertel des 19. Jahrhunderts ständig anwachsenden Kassenpraxis und der erfolgreich angewandten hygienischen Wissenschaft bei Stadtsanierungen und in der öffentlichen Gesundheitspflege erlangte der Arztberuf eine dominante Stellung im Gesundheitswesen, so daß weder Staat noch Krankenkassenvorstände und am wenigsten die versicherten Kranken seine Berufsausübung dauerhaft beeinflussen konnten. Die in der Medizinalreformbewegung Mitte des 19. Jahrhunderts noch vorhandene „sociale Perspektive" des Arztberufes verkümmerte zum bloßen (unwissenschaftlichen) Abhebungshintergrund ärztlicher Tätigkeit „im Allgemeinwohl", vor dem die Objekte kassenärztlicher Berufsausübung – die versicherten kranken Menschen – nicht mehr als Subjekte, sondern nur noch als Repräsentaten ihrer sozialen Stellung wahrgenommen werden.

Eine eigene „Natur" des Kassenkranken wird entworfen, der in allen Punkten das Gegenstück zum selbstverantwortlich handelnden Menschen darstellt, der sein Leben durch fleißige Arbeit, sparsame Lebenshaltung fristet und in Zufriedenheit mit den gesellschaftlichen Verhältnissen lebt. Der versicherte Kranke dagegen ist

---

[19] Den Begriff „Stand" für die organisierten Ärzte verwende ich, weil er die Ärzte scharf abgrenzt von übrigen Berufsgruppen und alles evoziert, was die Ärzte selbst unter „Stand" definiert haben: enge Gemeinschaft, Vorstellungen von ‚Berufsehre' und Kollegialität, die auch berechtigte Kritik „von außen" abzuwehren bereit ist.

„rentenhysterisch“ oder „-neurotisch“ und ermangelt der Charakterstärke. Was führende Kriegspsychiater an den sog. „Kriegsneurotikern“, den Zitterern, Autisten und anderen Leidenden als Theorie ausgearbeitet hatten, wurde, teilweise durch personelle Kontinuität vermittelt, durch die führenden Psychiater in der Weimarer Republik zur Anwendung bei den Sozialversicherten dringend empfohlen.

Wieviele Zwischenschritte sind nötig, um von der Psychiatrisierung der krankenversicherten Klientel, die in den Augen der Ärzte die hohen Kosten der staatlichen Sozialpolitik zu verantworten hatte, bis zur „Lösung der sozialen Frage“ über die billigere „Rassenhygiene“ zu gelangen?

1. Der Arztberuf im 19. Jahrhundert: Professionalisierung, Entwicklung der Standesvertretungen und Sozialversicherung bis zum Ersten Weltkrieg

Die ersten beiden Abschnitte dieses Kapitels stellen den Prozeß der Konstituierung eines einheitlichen akademischen Arztberufes dar, der sich gegenüber den zahlreichen „Laien"-Heilkundigen durchsetzte. Der Trennung in nicht-akademisch ausgebildete Heilkundige und staatlich approbierte Ärzte entsprach eine jeweils eigene Klientel: der städtische Arzt behandelte die wohlhabenderen Schichten des städtischen Bürgertums, für die Landbevölkerung waren die meist selber von dort stammenden Schäfer, Hebammen und Wundärzte zuständig. Parallel zum Aufstieg der Naturwissenschaften und ihrer Nutzbarmachung in der medizinischen Wissenschaft vollzog sich die Entwicklung eines ausgeprägten Selbstbewußtseins der Mediziner. Diese blieb zwar für ärztliche Tätigkeit vor allem auf dem Lande ohne konkrete Auswirkungen, diente aber ideologisch einer sich organisierenden Ärzteschaft als Begründung der von ihnen geforderten Sonderstellung.

Das dritte Unterkapitel beschreibt in großen Zügen die wesentlichen Veränderungen des Arztberufes seit dem letzten Viertel des 19. Jahrhunderts, als die Einführung der zwangsweisen gesetzlichen Krankenversicherung für Arbeiter den städtischen Ärzten eine neue Klientel zuführte. Die Entwicklung der Sozialversicherung, der Wandel der Haltung der Gewerkschaften und der Sozialdemokratie zur staatlichen Sozialpolitik und die hieraus für den Arztberuf und den Ärztestand folgenden Auseinandersetzungen finden mit der Zusammenfassung der einzelnen Versicherungszweige in der Reichsversicherungsordnung 1911 und dem „Berliner Abkommen" 1913 einen vorläufigen Abschluß.

1.1. Die Entstehung der modernen Profession[20]

Zu Beginn des 19. Jahrhunderts stellte die Ärzteschaft in Deutschland eine sowohl ihrer sozialen Herkunft wie ihrer Ausbildung nach stark inhomogene Berufsgruppe dar. Vor der Jahrhundertmitte existierte eine große Anzahl von Heilkundigen-Berufen, die teilweise auch im Nebenerwerb als eine Form der Nachbarschaftshilfe betrieben wurden:

---

[20] Zum gesamten ersten Kapitel vgl. Claudia Huerkamp: Der Aufstieg der Ärzte im 19. Jahrhundert. Vom gelehrten Stand zum professionellen Experten; Göttingen 1985 (= Kritische Studien zur Geschichtswissenschaft, Bd. 68).

„In Württemberg zum Beispiel existieren neben drei Gruppen promovierter Ärzte, die durch staatliche Examina als Wundarzt, Geburtshelfer oder Impfarzt besondere Privilegien erwarben, noch neun Stufen von sogenannten Wundärzten. In Preußen war man da schon fortschrittlicher, dort kannte man den promovierten Medicus und den Wundarzt erster und zweiter Klasse. In Bayern existierten sogar noch subalterne Bader."[21]

Trotz der zahlreichen Untergruppen von Heilbehandlern, die sich voneinander durch Herkunft, Ausbildungswege, Status und Zugang zu bestimmten Klientengruppen unterschieden, kann eine grobe Zweiteilung festgestellt werden: die akademisch ausgebildeten, „wirklich approbierten" Ärzte standen einer zahlenmäßig überlegenen Schar von Heilbehandlern gegenüber. Die Bader, Steinschneider, Hebammen, Barbiere und Wundärzte kurierten in erster Linie die kranke Landbevölkerung, wobei sie kaum geringere Heilerfolge aufzuweisen hatten als die studierten „Mediker". Diese Heilkundigen „rekrutierten sich überwiegend aus der lokalen bäuerlichen Bevölkerung, waren also mit den Lebens- und Leidensverhältnissen der Landbevölkerung vertraut und genossen daher auch deren Vertrauen".[22]

Die akademisch ausgebildeten Ärzte, hauptsächlich in Städten niedergelassen, wo sie in Patronage-ähnlichem Verhältnis die Kurierung ihrer wohlhabenden Klientel betrieben, konnten ihr gesellschaftliches Ansehen kaum auf ihre fachliche Kompetenz gründen. Die medizinische Ausbildung folgte den eher spekulativen medizinischen Kenntnissen der Zeit; therapeutische Erfolge waren daher ebenso ungewiß und zufällig wie bei den sich auf tradierte Erfahrungen der Volksheilkunde und Kenntnisse von Heilkräutern und Hausmitteln stützenden „Quacksalbern":[23] „Wenn einzelne Ärzte einen hohen Sozialstatus hatten, so verdankten sie das nicht ihrem hohen ärztlichen Expertentum, sondern vielmehr ihrer Herkunft, ihren Beziehungen und ihrer Allgemeinbildung, die sie in die Reihe der ‚gebildeten Stände' erhoben."[24]

---

21 Schadewaldt, Hans: 75 Jahre Hartmannbund. Ein Kapitel deutscher Sozialpolitik, Bonn, Bad Godesberg 1975, S. 21.

22 Huerkamp, Claudia: Ärzte und Professionalisierung in Deutschland. Überlegungen zum Wandel des Arztberufes im 19. Jahrhundert, in: GG 1980, H. 3, S. 349-382, S. 353.

23 Zahlreiche Literaturhinweise zur „Effizienz" der Medizin im 19. Jahrhundert finden sich bei Huerkamp 1980, S. 351.

24 Ebd. Vgl. auch die Beschreibung ärztlicher Tätigkeit und Sozialstatus des Arztes der Antike bei Heiner Hermann: Die „freien Berufe". Herkunft, Wandlung und heutiger Inhalt des Begriffs (Diss. Jur.), Frankfurt a.M. 1971, S. 106. Entsprechend ihrer gesellschaftlich hoch geschätzten Tätigkeit hatten Ärzte, Rechtsanwälte und Künstler keinen Anspruch auf Bezahlung, sondern nur auf eine „Ehrengabe", die die Wertschätzung ihrer Leistung zum Ausdruck brachte.

Die Prüfungsreform in Preußen im Jahr 1825 führte auch für die Wundärzte, die bis dahin eine Art Lehre mit „handwerklicher“ Schwerpunktsetzung bei einem Kollegen absolviert hatten, gleichfalls eine akademische Ausbildung ein, an deren Ende die Qualifikation als Wundarzt I. oder II. Klasse stand. Dieses Studium war kürzer und stärker praxisorientiert als das der „Mediker“; durch die Voraussetzung des Abiturzeugnisses erschwerte diese Prüfungsänderung allerdings den Zugang zu einem medizinischen Beruf für die unterbürgerlichen Schichten erheblich, was wiederum die soziale Homogenität innerhalb der Heilberufe vergrößerte.

Die preußische Regierung begründete den Schritt in Richtung Vereinheitlichung des Arztberufes, die von den Ärzten seit Beginn des 19. Jahrhunderts gefordert wurde, damit, daß die medizinische Versorgung der Landbevölkerung verbessert werden sollte. Dies sollten die neu geschaffenen Gruppen der Wundärzte leisten. Ihnen konnte die medizinische Versorgung der Landbevölkerung vermeintlich eher zugemutet werden als den Voll-Akademikern, die sowohl in Bezug auf Honorar- wie Lebensstandardansprüche für nicht so genügsam gehalten wurden wie die Wundärzte. Daß die erhoffte Wirkung der Ausbildungsreform von 1825 ausblieb, belegten die steigenden Zahlen von sich in den Städten niederlassenden Wundärzten, gegen die seit Beginn der 1840er Jahre mit Niederlassungsbeschränkungen vorgegangen wurde.[25]

Die 1852 in Preußen durchgeführte Vereinheitlichung des Arztberufes durch die Abschaffung der Wundarzt-Ausbildung stellte einen weiteren und wichtigeren Schritt zur modernen Profession dar. Im Gegensatz zur vorindustriell segmentierten Ärzteschaft wurde den Ärzten nun aufgrund standardisierter Qualifikationsanforderungen ein „Expertentum“ bestätigt, das sich im akademisch gebildeten Allgemeinpraktiker verkörperte: Seine Kompetenz bezog sowohl die gesamte Heilkunde ein wie auch den Anspruch, sämtliche Bevölkerungsgruppen medizinisch zu versorgen.

Der „von der staatlichen Bürokratie in Gang gebrachte Prozeß“[26] kam dem Interesse der Ärzte sehr entgegen, die durch die Erhöhung der Eingangsvoraussetzungen und die verschärften Qualifikationsanforderungen eine „Aufwertung ihrer Berufsgruppe“, verbunden mit „einer stärkeren Abschließung nach unten“[27], gewährleistet sahen. Die Verwirklichung des einheitlichen Ärztestandes bedeutete das Abstecken des ärztlichen Behandlungsmonopols unter Ausschluß aller übrigen, nicht bzw. nur halb-akademisch ausgebildeten Heilkundigen vom Krankenkurieren.

---

[25] Vgl. hierzu Huerkamp 1985, Kap. II: Vom „Medicus purus“ zum Allgemeinpraktiker, besonders Abschnitt 3: Der Weg zum „Einheitsstand“, S. 50-59.

[26] Huerkamp 1980, S. 360.

[27] Ebd., S. 355.

Die Verwirklichung des ärztlichen Einheitsstandes war eine der Hauptforderungen der Medizinalreformbewegung gewesen, die sich im Zusammenhang mit anderen politischen Emanzipationsbewegungen des Bürgertums in den vierziger Jahren des 19. Jahrhunderts gebildet hatte.[28] Neben sozialpolitischen Forderungen wie beispielsweise der Neuregelung des Armenarztwesens und Erstellen eines sanitätspolitischen Maßnahmekatalogs fanden sich zumeist im engeren Sinne professionspolitische Forderungen wie diejenige nach verstärkter Gründung und Unterstützung ärztlicher Regionalvereine, denen ein Mitspracherecht in allen Medizinalangelegenheiten gewährt werden sollte oder die Forderung nach einer Alters- und Hinterbliebenenversorgung für Ärzte bzw. ihre Angehörigen und die Forderung nach Abschaffung des Kurierzwangs.[29]

Der Kurierzwang, in der Approbationsordnung festgelegt, war für die Ärzte diejenige obrigkeitliche Verfügung, die ihnen als die unwürdigste und ihr Selbstbestimmungsrecht am schärfsten einschneidende galt. Ohne Unterschied der beruflichen Stellung zwang er jeden Arzt – unter Androhung von Geldstrafen – zum Krankenkurieren. Im Falle einer ärztlichen Weigerung konnte sogar mit polizeilichen Zwangsmaßnahmen eingeschritten werden und der Arzt konnte dem Kranken „vorgeführt" werden. Der Kurierzwang bedeutete „für all jene Ärzte, z.B. Landbezirks-, Hospital-, Armen- und Lazarettärzte, die gegen Bezahlung die ärztliche Versorgung bestimmter Personengruppen übernommen hatten, aber auch für Hausärzte mit einem Jahresgehalt eine grundsätzliche Hilfeleistungspflicht. Aus der vertraglichen Verpflichtung folgte, daß ohne Ansehen der Person jeder Patient sorgfältig und gewissenhaft behandelt werden mußte".[30]

Dies schloß also auch die Verpflichtung zur unentgeltlichen Behandlung der Armen-Kranken ein. In späteren, standesgeschichtlichen Publikationen wird oft darauf verzichtet, auf diesen Passus der Approbationsordnung hinzuweisen – statt dessen wird die kostenfreie Krankenbehandlung stets als ein „nobile officium" des Arztes dargestellt, das dieser allein aufgrund seiner hohen ethischen Berufsauffassung freiwillig übernommen habe.[31]

---

[28] Zur Medizinalreformbewegung vgl. Maser, Barbara: Die Medizinalreform. Der Zusammenhang zwischen Naturwissenschaften, Sozialmedizin und Standesbewegung während der Revolution von 1848/49 (Diss. med.), Freiburg 1984; hier auch weitere Literatur.

[29] Eine gute Übersicht über die Forderungen der Medizinalreformbewegung findet sich bei Hubenstorf, Michael: Von der Medizinischen Reform zum „Leibregiment des Hauses Hohenzollern" – Ärzte, Krieg und Frieden im Jahre 1870/71, in: Bleker/Schmiedebach (Hg.) 1987, S. 45-89, S. 48 f.

[30] Brand, Ulrich: Ärztliche Ethik im 19. Jahrhundert. Der Wandel ethischer Inhalte im medizinischen Schrifttum. Ein Beitrag zum Verständnis der Arzt-Patient-Beziehung, Freiburg i.Br. 1977, S. 136 f.

[31] Diese Legende des „nobile officium" wird von den – sich selbst so bezeichnenden – „Standeschronisten" bis zum heutigen Tage kolportiert. Stellvertretend für viele andere: Schade-

Es ist mehr als fraglich, ob die Ärzte diese zwangsweise zugeteilte Klientel mit der gleichen Berufsfreude kurierten, mit der sie ihre wohlhabendere Klientel medizinisch versorgten.[32] Die schriftliche Fixierung und die Möglichkeit der Anwendung polizeilicher Gewalt gegenüber unwilligen Ärzten sprach allerdings nicht für im Übermaß vorhandene „Nobilität" unter den Ärzten des 19. Jahrhunderts. Im Kurierzwang sieht *Maser* den Anlaß dafür, daß die der Medizinalreformbewegung verbundenen Ärzte sich überhaupt der „socialen Frage" zuwandten. Sie stellt zu Recht fest, daß die Ärzte „unter der bestehenden Gesetzgebung diejenige Gruppierung innerhalb des Bürgertums darstellten, die am stärksten von der Mangelhaftigkeit der Sozialpolitik betroffen waren".[33]

Sie mußten zusätzliche und, wenn der Kranke mittellos war, auch noch unentgeltliche Arbeit leisten, um diejenigen zu kurieren, die in ihren erbärmlichen Existenzbedingungen Zeugen der Unfähigkeit des Obrigkeitsstaates zur planmäßigen Lösung des Armutsproblems darstellten. In diesem Sinn war die Hinwendung der Ärzte zum Bereich der Sozialpolitik konsequent: „Erstmals heftet sich in breiterem Umfang professionspolitisches Interesse an die arbeitenden Unterschichten. Allerdings verbindet sich dieses Interesse direkt mit den Forderungen nach der gebührenden sozialen Stellung im Staat. Medizinische Versorgungsanstalten sollten es den Ärzten ermöglichen, ihre gesellschaftspolitische Bedeutung zu zeigen. Sozialpolitik wird daher zum Problem des ärztlichen Standes erklärt."[34]

Die Hinwendung der Ärzte zu sozialen Problemen war auch die „Entdeckung" der Armen-Kranken als Objekte ärztlicher Tätigkeit durch die Medizinalreformbewegung. Unter den herausragenden Vertretern der bürgerlichen Emanzipationsbewegung fanden sich viele Ärzte als Anhänger liberaler und demokratischer Ideen. Als bekannteste seien hier nur Rudolf *Virchow* und Rudolf *Leubuscher*, so-

---

waldt 1975, S. 25, vgl. a. Julius Hadrich: Die Arztfrage in der deutschen Sozialversicherung, Berlin/West 1955, der die Gewährung von Krankenhilfe an den (rechtlosen, kranken) Bittsteller als „menschlich schönes Verhältnis" bezeichnet (S. 77), das durch die Krankenversicherung zerstört worden sei.

32 Vgl. dazu Göckenjan, Gerd: Kurieren und Staat machen. Gesundheit und Medizin in der bürgerlichen Welt, Frankfurt a.M. 1985, S. 290 ff. Er stellt fest, daß die Behandlung von Armen-Kranken auch vom Standpunkt der medizinischen Reputation aus schlecht für den einzelnen Arzt war, da dieser so gut wie nie therapeutische Erfolge erzielen konnte. Daher wurde die Kurierung von Unterschichtkranken oft den jungen Kollegen ohne Berufserfahrung zugeschoben. Die durch den Kurierzwang notwendige ärztliche Tätigkeit war „ohne Zweifel immer den Anforderungen der zahlenden Klientel nach geordnet" (S. 290).

33 Maser 1984, S. 57.

34 Göckenjan 1985, S. 268 f.

wie der spätere Initiator des Deutschen Ärztevereinsbundes, Hermann Eberhard *Richter*, genannt.[35]

Zwar kam der Medizinalreformbewegung für die Entwicklung der Medizin zu einer (potentiell) sozialen Wissenschaft große Bedeutung zu.[36] Der soziale Impetus der Ärzteschaft wurde jedoch entscheidend gebrochen durch die distanzierend-abwertende Wahrnehmung der armen Kranken, die man nur unter ganz bestimmten Bedingungen kurieren will, wobei an erster Stelle die Anforderung an den Kranken steht, keine Ansprüche an den Arzt zu stellen und den Versuch der Heilung als „Mildtätigkeit" des Arztes zu respektieren.

In *Virchows* 1849 veröffentlichtem Aufsatz „Die Einheitsbestrebungen in der wissenschaftlichen Medizin" wird der Armen-Kranke wie folgt dargestellt:

„Die armen Kranken stellten an den Arzt, den man ihnen aufgezwungen, den man offiziell zu ihrer Disposition gestellt hat, Anforderungen, wie kaum ein Reicher sie ohne das Versprechen sehr großer Belohnungen zu machen gewagt haben würde, sie begegneten ihm mißtrauisch, barsch, brutal. Während sie nicht selten seine Verordnungen unterließen oder mißachteten, verlangten sie jedoch von ihm jede Aufopferung bei Tag und Nacht, jede Hingebung des Körpers und des Geistes.'[37]

Virchow unterstellte den Armen-Kranken, daß sie lediglich den Kurierzwang ausnutzende, Ärzte absichtlich demütigende „Leistungserschleicher" seien, die obendrein einen Heilungserfolg von vornherein verhindern wollten. Sie stünden als Fordernde vor dem Arzt, obwohl dieser doch ein freiwillig Gebender sei und zu allem Überfluß bezahlten sie die überaus strapaziöse Inanspruchnahme der ärztlichen Gesamtpersönlichkeit und seiner Tätigkeit nicht einmal. Diese Armen-Kranken praktizierten „freie Arztwahl" im engsten Wortsinn:[38] Sie konnten sich

---

35 Vgl. dazu Hubenstorf 1987, Abschnitt 3.2: Die soziale Position der Ärzteschaft (S. 46-53), Göckenjan 1985, Abschnitt 5.3: Die Erfindung des ärztlichen Standes (S. 267-286). Zur zeitgenössischen Beurteilung der Medizinalreformbewegung: Maser 1984, S. 55 ff.

36 Vgl. hierzu Rosen, George: Was ist Sozialmedizin? Analyse und Entstehung einer Idee, in: Lesky (Hg.) 1977, S. 283-354, besonders Kap. II: Medizin – eine soziale Wissenschaft. Die Idee von 1848 (S. 284-296).

37 Zit. nach Göckenjan 1985, S. 295. Die Vorwürfe und Unterstellungen der Ärzte gegenüber ihren nicht zahlungsfähigen Patienten – später sind es die krankenversicherten Arbeiter und ihre Familienangehörigen – sind noch in der Weimarer Republik dieselben. Ihr Hauptkennzeichen sei die „Begehrlichkeit", der sie ungezügelten Lauf lassen würden, da sie ärztliche Leistung nicht entlohnen müßten. Nach Einführung der Versicherungsgesetzgebung erweiterten die Ärzte den Vorwurf der „Begehrlichkeit" zu dem der „Renten-Hysterie", vgl. den Abschnitt 2.2 dieser Arbeit.

38 „Freie Arztwahl" war seit ungefähr 1890 die Hauptforderung der Ärztevereine und bedeutete Zulassung aller Ärzte zur Kassenpraxis, vorgeblich um den Kranken eine möglichst große Auswahl unter den zahlreichen Ärzten zu ermöglichen.

theoretisch jeden Arzt, auch die berühmteste Kapazität, zu ihrer Behandlung aussuchen. Aus eben dieser Möglichkeit leitete *Virchow* die Forderung nach Abschaffung des Kurierzwangs ab: „*Ebenso wie wir verlangen, daß es jedem Arzt freistehen soll, diejenigen Privatkranken zurückzuweisen, die ihm aus irgendeinem Grunde nicht anstehen, wollen wir auch, daß kein Arzt gegen seinen Willen zur [Armen-] Krankenbehandlung genötigt werden soll.*“[39]

Was *Virchow* mit der Abschaffung des Kurierzwangs forderte, war im Grunde genommen das Recht des Arztes auf „freie Krankenwahl“. Der Ärzteschaft sollte die Möglichkeit zugestanden werden, besonders die „aufsässigen“ und armen Kranken von der Heilbehandlung auszuschließen. In diesem Punkt ebenso wie mit seiner Forderung nach Selbstverwaltung der ärztlichen Interessen hatte der Ärztestand 1848/49 keinen Erfolg. Der § 200 des preußischen Strafgesetzbuches, der den Kurierzwang festlegte, blieb auch weiterhin in Kraft. Erst die Unterstellung des Arztberufes unter die Gewerbeordnung und deren Novellierung im Norddeutschen Bund 1869 bzw. die Übertragung der neuen Gewerbeordnung auf das gesamte Deutsche Reich 1871 hoben den Kurierzwang für Ärzte auf.

Nach dem Scheitern der bürgerlichen Revolution in Deutschland, in deren Folge immerhin die Konstituierung der Ärzte in einem einheitlichen Stand erfolgte, und der Restaurierung der gesellschaftlichen und politischen Verhältnisse, lebte in den sechziger Jahren des 19. Jahrhunderts die Debatte um eine „Medizinische Reform“ wieder auf. Anläßlich der Errichtung der Ärztekammer im Herzogtum Braunschweig 1866 gab Hermann Eberhard *Richter* der Hoffnung Ausdruck, *„dass früher oder später auch andere deutsche Länder dem hier gegebenen Beispiele folgen und die Emancipation des so hochgebildeten ärztlichen Standes vollziehen werden“*.[40]

In anderen deutschen Staaten wurden in den folgenden Jahren ebenfalls Ärztekammern oder Ärztekammerausschüsse gegründet, denen in begrenztem Umfang Vertretung der Ärzteinteressen bei der Landesregierung und Beratungsfunktion für die sanitärpolitische Gesetzgebung zugestanden wurden. Das Erreichte kam den Zielen des Ärztestandes aber eben nur näher; vor allem blieb die obrigkeitliche Bevormundung – disziplinarrechtlich waren alle Ärzte, auch die nicht im

---

[39] Zit. nach Göckenjan 1985, S. 296. Dieses Recht des Arztes auf Zurückweisung eines ihm nicht genehmen (Privat-) Patienten machte der Danziger Arzt Erwin Liek 1926 für sich geltend, allerdings in Bezug auf „unsere Ostjuden“. Nicht etwa aus antisemitischer Einstellung heraus weigere er sich, diese zu behandeln, sondern – wie er betonte – weil er wußte, „daß für diese geistig Armen der wirkliche Arzt erst beim Professor anfängt, ich ihnen daher nicht das sein kann, was sie brauchen“ (Erwin Liek: Der Arzt und seine Sendung, München 1926, S. 39).

[40] Hermann Eberhard Richter: Medizinalgesetz für das Herzogtum Braunschweig; in: Schmidt's Jahrbücher 129 (1866), S. 269, zit. nach Hubenstorf 1987, S. 51.

Staatsdienst stehenden, den Beamten gleichgestellt – trotz aller Teilerfolge weiterhin bestehen.

Entscheidend veränderte sich die Situation des Ärztestandes erst 1869/71 mit der Unterstellung des Arztberufes unter die Gewerbeordnung. Wichtige Forderungen der Medizinalreformbewegung wurden durch die Gewerbeordnung erfüllt. An erster Stelle muß hier die Aufhebung des Kurierzwanges genannt werden, weiterhin bestand nun Niederlassungsfreiheit im gesamten Reichsgebiet, die Bindung an staatliche Gebührenordnungen wurde aufgegeben zugunsten der freien Gestaltung der Honorarhöhe und die besonderen staatlichen Reglementierungen entfielen in der neuen Stellung des Arztes als Gewerbetreibender. Als wichtigster Nachteil der Unterstellung unter die Gewerbeordnung wurde eindeutig die neue „Kurierfreiheit" gesehen, die es auch nicht-approbierten Heilbehandlern gestattete, ihr Heilgewerbe auszuüben. Lediglich der Arzt-Titel blieb geschützt.[41]

Unter den Ärzten fand die Einstufung ihres Berufes, um dessen „hohen, ethischen Stand" die verschiedenen Ärztevereine sich seit den zwanziger Jahren des 19. Jahrhunderts bemüht hatten, und der sich nun in einer Gruppe mit den Kaufleuten und anderen Gewerbetreibenden wiederfand, durchaus geteilte Aufnahme. Vor allem die Gleichstellung mit den „Kurpfuschern" und Laienbehandlern bedeutete für viele einen Affront gegen die approbierten Ärzte; sie waren nun alle im gleichen Maße an die Freiheit des Marktes im Heilgewerbe verwiesen.

Ein Autor des *Ärztlichen Vereinsblattes* beschrieb diese Zeit rückblickend als Zeit, *„in der der Staat die freien Berufe sich im wesentlichen selbst überliess", „ausgehend von dem Gedanken, jeder soll sich selbst helfen, er soll seine Kraft anspannen, um sich den Platz an der Sonne des wirtschaftlichen Gedeihens zu erkämpfen".*[42]

Mit der Gewerbeordnung wurde die von der Medizinalreformbewegung seit Jahren geforderte Freiheit von staatlichen Reglementierung zwar erreicht, aber um den Preis der zunehmenden Konkurrenz sowohl innerhalb des Ärztestandes als auch mit den „unqualifizierten Heilbehandlern". In der Wertung des Arztberufs als ein Gewerbe unter anderen kam aber auch zum Ausdruck, daß der Staat zumindest dem Arztberuf gegenüber keine besondere Schutzwürdigkeit oder einen über den anderer Gewerbe hinausgehenden Nutzen sah: aus der Unterstellung des Arztes unter die Gewerbeordnung war tatsächlich „für die Natur des ärztli-

---

[41] Ausführlich Vor- und Nachteile der Gewerbeordnung für den Arztberuf abwägend u.a. der Artikel „Arzt" von K. O. Rapmund, in: Handwörterbuch der Staatswissenschaften, Bd. 1, Jena 1923, S. 1048-1063. Vgl. a. Hubenstorf 1987, S. 51 f. und Huerkamp 1980, S. 363 ff.

[42] Richter: Deutsche Standesordnung für Aerzte; ÄVbl. Nr. 1360 (Sonderheft Ärztetag 21.10.1925), S. 8-12, S. 8.

chen Berufes positiv nichts zu gewinnen".[43] Dennoch konnte sich die Mehrheit der Ärzte mit den veränderten Bedingungen der Berufsausübung durchaus arrangieren. Vor allem die Aufhebung des Kurzierzwangs, den die städtischen Ärzte als besonders drückende Last empfunden hatten, schien doch für einiges zu entschädigen: „um sich seiner zu entledigen, opferte man die Kurpfuschereiverbote".[44]

Die realpolitisch fundierte Entscheidung zur Inkaufnahme der Kurierfreiheit wurde später, vor allem nach der Einführung der Sozialversicherung und vor dem Hintergrund ständig wachsender Zahlen von Medizinstudenten, als Fehler angesehen. In seinem historischen Rückblick auf die Entwicklung des Ärztevereinsbundes interpretierte Siegmund *Vollmann*, der Schriftleiter der Verbandszeitung, die Unterstellung des Arztes unter die Gewerbeordnung als „Verkauf des Erstgeburtsrechtes" im Heilgewerbe, das man „gegen das Linsengericht der Aufhebung des § 200 im alten Preussischen Strafgesetzbuch"[45] verschachert habe. Die scharfe Verurteilung dieser Entwicklung entsprach zwar nicht ungeteilt der zeitgenössischen Sichtweise, bot aber doch den Anlaß für die „wirklichen" Ärzte, sich fester zusammenzuschließen und gemeinsam für das gesamte Deutsche Reich die Abgrenzung gegenüber ihren „kurpfuschenden" Kollegen deutlich zu machen.

1.2. Die freien Berufs- und Interessenvertretungen der deutschen Ärzte

Im Gegensatz zu den staatlichen Standesvertretungen, wie sie in einigen deutschen Staaten seit 1865 als Ärztekammern geschaffen worden waren, stellten die beiden reichsweit organisierten Verbände der Ärzteschaft – der „Deutsche Ärztevereinsbund E.V." und der „Verband der Ärzte Deutschlands zur Wahrung ihrer wirtschaftlichen Interessen" oder „Leipziger Verband" – private Vereine mit freiwilliger Mitgliedschaft dar.[46] Der Ärztevereinsbund wurde als Dachorganisation der verschiedenen lokalen Ärztevereine, wie sie seit den zwanziger Jahren des 19. Jahrhunderts gegründet worden waren, 1873 durch Hermann Eberhard

---

43 Stauder: Aerztliche Standeslehre und Ehrengerichte; ÄVbl. Nr. 1315 (21.7.1924), Sp. 237-240, Sp. 237 (im Original gesperrt).

44 Christoph Marx: Die Entwicklung des ärztlichen Standes seit den ersten Dezennien des 19. Jahrhunderts, Berlin 1906, S. 33; zit. nach Hubenstorf 1987, S. 52.

45 Vollmann: 50 Jahre Deutscher Aerztevereinsbund; ÄVbl, Nr. 1289 (9.9.1923), Sp. 163-168, Sp. 163 f.

46 In der Realität war ein Arzt, der dem lokalen Ärzteverein nicht beitreten wollte oder seinen Austritt erklärte, von scharfen Sanktionen bedroht, die von der persönlichen Ebene – z.B. Abbruch des gesellschaftlichen Verkehrs mit ihm und seiner Familie – über das Übergehen bei der Überweisung von Patienten bis zur Einflußnahme auf die Kassen, den Betreffenden nicht anzustellen, reichen konnten; vgl. dazu Huerkamp 1980, S. 379.

Richter[47] initiiert. Die Gewerbeordnung schuf durch die Reichseinheitlichkeit ihrer Bestimmungen eine gemeinsame Ausgangsbasis für eine einheitlichere ärztliche Standespolitik:

„*Nachdem durch solche gemeinsame Gesetzgebung die gemeinsamen Ziele für alle deutschen Ärzte wesentlich vermehrt waren, nachdem ein Netz ärztlicher Vereine über den größten Teil des deutschen Reiches gesponnen war, lag der Gedanke nahe, diese Vereine in einer einheitlichen Organisation zu gemeinsamer Thätigkeit zu vereinigen.*“[48]

Die lokalen oder regionalen Ärztevereine hatten unterschiedliche Interessenschwerpunkte, die vom Gestalten eines „geselligen Standeslebens“ bis zur wissenschaftlichen Fortbildung ihrer Mitglieder reichten. Ein fester Bestandteil des lokalen Standeslebens war die öffentliche Darstellung ärztlicher Interessen, die je nach Landesgesetzgebung verschieden sein konnten. Die Notwendigkeit des verstärkten Zusammenschlusses der Ärzte bezog *Richter* ausdrücklich aus der „neuen Reichsgesetzgebung“, die *„besonders durch die Freigebung des Krankenkurierens es immer notwendiger macht, daß sich die eigentlichen, wissenschaftlich gebildeten und staatlich geprüften Ärzte Deutschlands fester als bisher aneinander schließen“*.[49]

Die Kurierfreiheit und die aus ihr resultierende stärkere Konkurrenz im Heilgewerbe stellte den wichtigsten Auslösefaktor für die Gründung des Ärztevereinsbundes dar. Trotz der beständigen Klagen, der Arztberuf stelle kein „Gewerbe“ dar, dessen Ausübung sich alleine an dem Profitmaßstab orientiere, wurde erstmals im Jahr 1880 auf einem Ärztetag die Herausnahme der Ärzte aus der Gewerbeordnung gefordert. Um sich stärker von der Konkurrenz außerhalb des Standes abzugrenzen, wurde gegenüber den Laienbehandlern die „besondere Sittlichkeit“ und die „hohe Berufsehre“ des Arztes angeführt. Diese manifestiere sich in den „Standesordnungen“, wie sie sich viele der ärztlichen Vereine selbst gegeben hatten und die bindende Verhaltensrichtlinien für die Mitglieder darstellten.[50]

Die auf dem ersten Deutschen Ärztetag, wie die alljährlichen Delegiertenversammlungen des Ärztevereinsbundes bezeichnet wurden, am 17. September 1873

---

47 H. E. Richter (1808-1876) war 1837-1849 Professor der allgemeinen und speciellen Therapie in Dresden, bekannter Medizinalreformer, der 1849 wegen Hochverrat verurteilt worden war. Nach 1864 war er erneut in der Medizinalreformbewegung aktiv, vgl. Hubenstorf 1987, S. 77 (Anm. 22).

48 Edmund Graf: Das ärztliche Vereinswesen in Deutschland und der Deutsche Ärztevereinsbund, Leipzig 1890; S. 20.

49 Aus dem Gründungsaufruf Richters von 1872; zit. nach Graf 1890, S. 21.

50 Für das Jahr 1890 nennt Huerkamp folgende Zahlen: von den insgesamt 219 Ärztevereinen, die Mitglied des Ärztevereinsbundes waren, verfügten 105 über eine schriftliche Standesordnung und 61 über einen Ehrenrat, nur 53 Vereine hatten keines von beiden (Huerkamp 1980, S. 367).

angenommene Satzung nannte daher nur allgemein-standespolitische Absichten: §1 führte als Zweck des Verbandes auf, dieser habe „die zerstreuten ärztlichen Vereine Deutschlands zu gemeinsamer Betätigung der wissenschaftlichen und praktischen, auch sozialen Beziehungen des ärztlichen Standes zu vereinigen".[51]

Paragraph 3 der Satzung erläuterte diese allgemeinen Einführungsworte: konkrete Aufgaben des Bundes seien

„a) Förderung der ärztlichen Wissenschaft und Kunst, sowie der Interessen des ärztlichen Standes (z.B. insbesondere durch Gründung gemeinnütziger Anstalten, durch Regelung und Wahrung der Standesverhältnisse).
b) Fakultative Teilnahme an der öffentlichen Gesundheitspflege und Medizinalgestaltung: beides sowohl in staatlicher, als in lokaler (kommunaler und provinzialer) Hinsicht.'[52]

Die Satzung des Ärztevereinsbundes drückte in ihren Formulierungen geselliger und wohltätiger Anliegen eher die Zufriedenheit mit dem bisher erreichten Statusgewinn aus als kompromißlose Kampfbereitschaft um neue Ziele. Es waren bildungsbürgerliche Ansichten, die sich der Ärztestand zu eigen machte, indem er sich der eigenen Bildung, der Privatwohltätigkeit, aber auch der öffentlichen Wohlfahrtspflege und der „Gründung gemeinnütziger Anstalten" widmen wollte. Zu diesem Zeitpunkt schien für den Ärztestand ein akzeptabler sozialer Status erreicht zu sein, um dessen Wahrung sich der Zusammenschluß der ärztlichen Vereine bemühen sollte.

Dennoch bedeutete die reichsweite Zusammenfassung der deutschen Ärzte unter einem gemeinsamen Programm einen neuen Schritt, dessen Bedeutung im Aufbau einer professionellen Organisation lag, die die Umwandlung der zunächst lockeren, geselligen und wissenschaftlichen Zwecken dienenden Vereine in ein effizientes Interessenvertretungsorgan erst ermöglichte.

Mit der Einführung der Krankenversicherung für Arbeiter 1883 begann die „entscheidende Etappe der Professionspolitik", in der sich „für die Masse der Professionsmitglieder die konkrete Arbeitsgrundlage" wandelte. Gerd Göckenjan hat diesen Sachverhalt pointiert zusammengefasst: „Es wird von ihnen [den Ärzten – G.M.] eine neue Nützlichkeit gesellschaftlicher Verantwortung gefordert, die tatsächlich den privaten Charakter der ärztlichen Profession umwälzt."[53]

---

51 Zit. n. Schadewaldt 1975, S. 25 (in Original kursiv).

52 Zit. n. Graf 1890, S. 22.

53 Göckenjan 1985, S. 334 f. Zur Entstehung der Sozialversicherung und ihrer verschiedenen Vorformen vgl. Florian Tennstedt: Sozialgeschichte der Sozialpolitik, Göttingen 1981, zum Verhältnis Ärztestand und Sozialversicherung im 19. Jahrhundert beispielsweise Huerkamp 1985, Kap. VI: Die Kassenarztfrage (S. 194-240), Göckenjan, Kap. 6: Die Kassenarztfrage

Zunächst wurde die Arbeiterkrankenversicherung, diese „großartige gesetzgeberische Leistung", vom Ärztevereinsbund „freudig begrüßt"[54]. Die Standesvertretung bot auch sofort die tatkräftige Mitarbeit der Ärzteschaft an, und dies obwohl die vorgesehenen Honorare für die Behandlung der Versicherten deutlich unter den Sätzen für private Krankenbehandlung lagen. Über die gesetzliche Krankenversicherung wurde den Medizinern eine neue Klientel zugeführt, die zuvor kaum je ärztliche Behandlung hatte in Anspruch nehmen können. Zum einen wurde durch die Versicherungsgesetzgebung für die Ärzte ein neuer Markt eröffnet, in dem die Behandlung der früheren Armen-Kranken – zuvor nur im Notfall und unentgeltlich kuriert – nun immerhin ein gewisses Entgelt versprach, das durch die Versicherungsträger garantiert wurde und dem die Ärzte nicht nachzulaufen brauchten, wie dies bei säumigen Zahlern unter den Privatkranken durchaus vorkommen konnte.

Auf der anderen Seite konnte der Ärztestand in dieser Tätigkeit die Erfüllung seiner „fakultativen Teilnahme an der öffentlichen Gesundheitspflege" nach § 3 der Ärztevereinsbund-Satzung sehen, denn sie leisteten an den Versicherten in etwa die gleiche Arbeit wie privaten Kranken gegenüber, allerdings zu einem ermäßigten Preis; hierin sahen sie eine veränderte Form ihres einstigen „nobile officium". Allerdings stellten die Träger der Sozialversicherung, die verschiedenen Orts-, Betriebs- oder Knappschaftskrankenkassen Anforderungen an die Ärzte, die diesen als unzumutbare Arbeitsbedingungen erscheinen mußten: „Die Kassenärzte – und das war ein ständig wachsender Anteil der Ärzteschaft – [mußten] die Abhängigkeit von und Kontrolle durch die Kassenvorstände, seien dies nun sozialdemokratische Arbeiter oder erzkonservative Unternehmer, als Bedrohung ihres gerade durch Emanzipation von der staatlichen Bürokratie erreichten professionellen Status empfinden."[55]

Um die Wende zum 20. Jahrhundert spitzten sich die Konflikte zwischen Ärzten und Krankenkassen derart zu, daß innerhalb des Ärztevereinsbundes eine starke Fraktion der Kritiker an der bisherigen Verhandlungstaktik des Bundes um die Gestaltung der verschiedenen Kassenarztverträge entstand. Einer der Gründe für die Unzufriedenheit mit der Standesführung war ihre traditionsbewußte, „stan-

---

und die neue Nützlichkeit der Medizin (S. 336-406) und Ders.: Medizin und Ärzte als Faktor der Disziplinierung der Unterschichten, in: Sachsse/Tennstedt (Hg.), Soziale Sicherheit und soziale Disziplinierung, Frankfurt a.M. 1986, S. 286-303.

54 Graf 1890, S, 30.

55 Huerkamp 1980, S. 375. Hierbei ist allerdings einschränkend festzustellen, daß der „erzkonservative Unternehmer" in den zahlreichen Litaneien über die „Knechtung der Ärzte" durch die Kassenvorstände so gut wie nicht vorkommt. Der Gegner der ärztlichen Standespolitiker war eindeutig der „sozialdemokratische Arbeitgeber" (Graf 1890, S. 31), zumal wenn er in Person eines „einfachen Handwerksgesellen" im Kassenvorstand in Erscheinung trat.

desgemäße" Haltung[56]: ihnen wurde vorgeworfen, daß sie „noch im Standesdenken der Mitglieder aus der Vorkassenära befangen" seien und glaubten, „in chevaleresk geführten Verhandlungen zwischen den Ministerien und dem Vorstand des *Ärztevereinsbundes* eine Besserung zu erreichen".[57]

In zeitgemäßerer Form, als „Selbsthilfe" einer „gewerkschaftlichen Organisation mit all ihren Kampfmitteln"[58], gründete der Leipziger Arzt Hermann *Hartmann* am 13. September 1900 den „Verband der Ärzte Deutschlands zur Währung ihrer wirtschaftlichen Interessen" oder „Leipziger Verband". In seinem berühmten „Offenen Brief" erläuterte *Hartmann* im Ärztlichen Vereinsblatt die neuen Prinzipien der wirtschaftlichen Interessenvertretung: Diese „Ärzte-Gewerkschaft" sollte, durchaus in Anlehnung an gewerkschaftliche Prinzipien und Organisationsformen, den Mitgliedern Schutz vor Übervorteilung bringen, indem der Leipziger Verband als Verhandlungspartner den Krankenkassen gegenüber auftrat. Im Falle des Nicht-Erreichens des Verhandlungszieles, wobei es sich zumeist um höhere Einkommen handelte, sollten kollektive Arbeitsniederlegungen organisiert werden, die die Krankenkassen zum Einlenken zwingen sollten.

Da im Falle eines Ärztestreiks die streikenden Ärzte zumindest keine Kassenhonorare zu erwarten hatten, sollte der Leipziger Verband auch eine „Strike-Kasse" anlegen. Hierüber hoffte *Hartmann*, auch manch einen Kollegen anzusprechen, „dem das jetzt nicht vornehm genug erscheint, weil es nach Sozialismus riecht"[59] und der noch Skrupel habe, sich dem Verband anzuschließen. Der satzungsgemäße Zweck des Verbandes lag darin, „die wirtschaftliche Lage der Ärzte im ganzen Reiche zu bessern und denselben einen wirksamen Schutz zu gewähren gegen die rücksichtslose Ausbeutung ihrer Arbeitskraft seitens der Krankenkasse und die Übergriffe der Kassenvorstände".[60] Diesem Programm konnten die meisten Ärzte zustimmen[61], aber große Differenzen gab es hinsichtlich *Hartmanns* radika-

56 Eines der wichtigsten Kennzeichen „standesgemäßen Verhaltens" war, daß in der Öffentlichkeit nicht über Geld gesprochen wurde, vgl. dazu u.a. Hans-Georg Guse/Norbert Schmacke: Psychiatrie zwischen bürgerlicher Revolution und Faschismus, 2 Bde., Kronberg/Ts. 1976, Bd. 2, Kap. 1.11: Die sozialökonomische Situation der Ärzte und ihre Verbandsbildung (S. 338-356).

57 Schadewaldt 1975, S. 26.

58 Vollmann: 50 Jahre Deutscher Aerztevereinsbund (1923), Sp. 167 f. (im Original gesperrt).

59 Offener Brief an den Kollegen Warmiensis; zit. b. Schadewaldt 1975, S. 31. Julius Hadrich behauptete über diesen Aufruf: „Der Brief Hartmanns hat dieselbe Bedeutung für die Ärzte wie das Kommunistische Manifest für die Arbeiter" (Hadrich 1955, S. 108).

60 Zit. nach Schadewaldt 1975, S. 34 f.

61 Unter den sozialdemokratischen Ärzten bestanden unterschiedliche Auffassungen über die Vereinbarkeit ihrer politischen Gesinnung mit Beitritt oder Verbleib im Leipziger Verband. 1913 drohte die SPD-Führung den sozialdemokratischen Mitgliedern des Leipziger Verbandes mit Parteiausschlußverfahren und warnte ihre Mitglieder sogar vor der „allzureichlichen

ler Forderung nach völliger Abkehr von der traditionellen Standespolitik, die die ärztliche Berufsethik in den Mittelpunkt der Selbstdarstellung gerückt hatte. *Hartmann* dagegen brach völlig mit dieser Auffassung:

„Bis jetzt haben wir Ärzte bei unseren Kämpfen nur immer auf die Standeswürde und auf die Standesehre gepocht – ich sage Ihnen, Geld, Geld ist die Hauptsache. Verlangen wir für unsere schwere und aufreibende, entsagungsvolle Arbeit eine anständige Entlohnung, fort mit den Dienstmanntaxen, dann wird die Standeswürde und Standesehre am besten gewahrt.“[62]

Das Ärztliche Vereinsblatt setzte sich im Oktober 1900 mit der „Neugründung eines weiteren Ärzteverbandes“ auseinander. Befürchtet wurde zum einen, daß der Leipziger Verband eine Spaltung der mühsam errungenen ärztlichen Standeseinheit herbeiführen könne. Wichtiger jedoch war für den damaligen Schriftleiter des Blattes, Oskar *Heinze*, die Abkehr von den bisher eingehaltenen Standesrichtlinien: *„So sehr es uns am Herzen liegt, auch die wirtschaftlichen Interessen und insbesondere auch die Kassenärzte zu schützen und zu heben, so können wir darin doch nur soweit gehen, als das Ansehen unseres Standes und ethische Gesichtspunkte es zulassen.“*[63]

Die schroffe Ablehnung des auf rein wirtschaftliche Interessenvertretung bedachten Leipziger Verbandes währte nicht lange. Nachdem *Hartmann* im nächsten Satzungsentwurf vom 31. März 1901 deutliche Konzessionen an den Ärztevereinsbund zugesagt hatte – die Tätigkeit des Leipziger Verbandes sollte nun in engster Fühlung mit dem Ärztevereinsbund ausgeübt werden – öffnete sich der Ärztevereinsbund gegenüber dem Anliegen seiner abtrünnigen Standesgenossen. Auf dem Ärztetag 1903 wurde die (Wieder-)Vereinigung des Ärztestandes vollzogen und der Leipziger Verband unterstellte seine Tätigkeit dem Deutschen Ärztevereinsbund und den Beschlüssen des Ärztetages:

„Damit war der Verband dem Bunde organisch angegliedert und zum ausführenden Organ, zum wehrhaften Arm der Hauptorganisation geworden. Wie heilsam diese Einigung für den L.V. [Leipziger Verband – G.M.] war, erhellt aus der Mitgliederbewegung. Von 3000 im März 1903 wuchs die Zahl auf 10.000 gegen Ende des Jahres, und schon im Juni 1904 waren es 16.000.“[64]

Wie der sprunghafte Mitgliederzuwachs „erhellt“, hatten viele Ärzte, die prinzipiell den Inhalt und die Zielrichtung von *Hartmanns* Gründungsaufruf billigten, mit

---

Inanspruchnahme der *approbierten* Ärzte“ (Anonymus, in: Der sozialistische Arzt. Mitteilungsblatt des Vereins Sozialistischer Ärzte Nr. 1, März 1925, abgedruckt bei Hansen u.a.: Seit über einem Jahrhundert. Verschüttete Alternativen in der Sozialpolitik, Köln 1981, S. 103).

62 Offener Brief an den Kollegen Warmiensis, zit. n. Schadewaldt 1975, S. 32.

63 Zit n. Schadewaldt 1975, S. 37.

64 Vollmann: Dem Hartmann-Bund zum Gruss! ÄVbl. Nr. 1356 (11.9.1925), Sp. 387-392, Sp. 389 f.

dem Beitritt zum Leipziger Verband gezögert. Erst als die Eingliederung des Verbandes unter dem Primat des schon seit drei Jahrzehnten bestehenden Ärztevereinsbundes geregelt und damit die standesgemäße Aktivität des Leipziger Verbandes bestätigt worden war, erhöhte sich die Mitgliederzahl. Diese Aufgabenteilung der beiden großen ärztlichen Standesorganisationen hatte taktische Gründe, die selbst manchen Standesgenossen nicht auf den ersten Blick einleuchteten.[65]

Abb. 1: Der Geschäftsausschuss des Deutschen Ärztevereinsbundes im Jahr 1928 auf dem 47. Ärztetag in Danzig

[65] Vgl. dazu die wiederholten Anträge von einzelnen Ärztevereinen an den Geschäftsausschuß des Ärztevereinsbundes, den Zusammenschluß der beiden Organisationen zu vollziehen – und das, obwohl der Ärztetagsbeschluß von 1903, der den Leipziger Verband in den Ärztevereinsbund bereits eingegliedert hatte, immer noch gültig war. Auf dem Ärztetag 1924 sollte dieses Thema, nachdem eine Artikelserie in den Standeszeitungen die Mitglieder aufgeklärt hatte, nochmals behandelt werden. Hierdurch hoffte der Geschäftsausschuß des Ärztevereinsbundes, „die fortwährenden und ebenso heftigen als verschwommenen Forderungen nach Umorganisation oder Vereinheitlichung zum Schweigen zu bringen" (Anonymus: Auszug aus der Niederschrift der Sitzung des Geschäftsausschusses des Deutschen Ärztevereinsbundes; ÄVbl. Nr. 1303 (21.3.1924), Sp. 73-76, Sp. 75 f.).

Grundsätzlich erkannte man zwar die verschiedenen Arbeitsschwerpunkte, die Bewahrung „ärztlicher Standessitte" auf der einen und den Kampf um wirtschaftliche Besserstellung auf der anderen Seite an. Da zudem die enge Zusammenarbeit der beiden Organisationen sowohl programmatisch wie durch teilweise Personalidentität der Vorstände gesichert war, schien alles dafür zu sprechen, die beiden Verbände auch formal zu einem einzigen Ärzteverband zusammenzulegen. Die Zusammenfassung in einer einzigen ärztlichen Standesorganisation hätte aber die Trennung in einen traditionsorientierten, der Bewahrung des ärztlichen Berufsethos sich widmenden Ärztevereinsbundes und einen rücksichtslos Interessenpolitik betreibenden Leipziger Verband aufgehoben. Für den Vorstand hätte dann die kaum lösbare Aufgabe bestanden, die als dominante in den Vordergrund gerückte „Humanität" des Arztberufes[66] mit der kompromißlosen „gewerkschaftlichen" Einstellung zu verbinden und in der Öffentlichkeit plausibel zu vertreten.

Da die unnachgiebig-eigennützige Politik des Leipziger Verbandes bei der Bevölkerung Anfang des 20. Jahrhunderts bereits zum Mißkredit des Arztberufes geführt hatte[67], sollte der „wirtschaftliche Arm" des Ärztevereinsbundes organisatorisch eigenständig bleiben, um das wachsende Mißtrauen der Bevölkerung zu begrenzen. Die Standesvertretung konnte so jederzeit darauf verweisen, daß nicht die gesamte Ärzteschaft die Auseinandersetzungen mit den Krankenkassen in „materialistischem Geist" führe, sondern nur eine bestimmte Teilorganisation. Der Ansehensverlust der Ärzte stellte eine bedrohliche Entwicklung für den Stand dar, weil dieser seinen Anspruch auf eine Sonderstellung in der Gesellschaft auf seine Tätigkeit im Allgemeininteresse gründete; auf der anderen Seite wollte man aber um keinen Preis auf die vom Leipziger Verband erkämpften Vorteile verzichten. Dieses Dilemma ließ sich mit Hilfe der organisatorischen Arbeitsteilung lösen.

Albert *Niedermeyer*, Pastoralmediziner und Autor zahlreicher Artikel zu Aspekten der ärztlichen Ethik, wertete diese Arbeitsteilung als „wertvolle Einrichtung": *„Zweifellos [war es] ein glücklicher Gedanke der Väter unserer Organisation, neben den wirt-*

---

66 Das oberste, allerdings ungeschriebene Gebot ärztlicher Tätigkeit sei gewesen: „Den wirtschaftlichen Interessen, so wichtig und notwendig für das Leben des Standes sie auch seien, steht das Gebot der Humanität, der aufopfernden Pflichterfüllung voran" (A. Stauder: Aerztliche Standesehre und Ehrengerichte (1924), Sp. 230, im Original gesperrt).

67 Schadewaldt kritisierte rückblickend die Taktik des Leipziger Verbandes bei den Ärztestreiks als „ungeschickt": „Zu stark stellten sie [die Vertreter des L.V. – G.M.] die wirtschaftlichen Eigeninteressen ihrer Mitglieder in den Vordergrund. In der Bevölkerung wurde es kaum verstanden, wenn davon die Rede war, daß bedauerlicherweise eine Erhöhung der Sterblichkeit bei diesen Kämpfen in Kauf genommen werden müsse" (Schadewaldt 1975, S. 45 f.).

schaftlichen Verband die von ihm und seinen Aufgaben losgelöste Standesvereinigung zu stellen. In dieser Zweiteilung glaube ich eine der wertvollsten Einrichtungen erblicken zu müssen.'[68]

Die Effizienz der Standespolitik läßt sich an den zugunsten der Ärzte entschiedenen „Kassenkämpfe"[69], wie *Schadewaldt* die Versuche der Sicherung ärztlicher Dominanz und hoher Einkommen bezeichnet, ablesen: bis zum Jahr 1909 hatte der Leipziger Verband in 865 Konflikte eingegriffen, die „bis auf ganz wenige zugunsten der Aerzte entschieden wurden"[70], bis 1913 wurden insgesamt 955 von 1088 Tarifkämpfen für die Ärzte zufriedenstellend gelöst.[71] Eine der wichtigsten Voraussetzungen für die außergewöhnlich hohe Erfolgsquote war der Organisationsgrad der Ärzteschaft: 1913 waren 75 Prozent der deutschen Ärzte im Leipziger Verband und rund 80 Prozent im Ärztevereinsbund organisiert.[72] Für die Weimarer Republik lag der Prozentsatz noch etwas höher: bis 1929 war der Organisationsgrad der Ärzte im Leipziger Verband auf über 80 Prozent, im Ärztevereinsbund auf über 85 Prozent angewachsen.[73]

1.3. Gesetzliche Krankenversicherung, Professionalisierungsprozeß und Arztberuf bis zum Ersten Weltkrieg

Neben der einheitlichen universitären Ausbildung, in deren Folge die soziale Herkunft der Heilberufe homogener wurde, und der Umwandlung der ärztlichen Standesvereine in schlagkräftige Interessenvertretungen kam als dritter Komponente im Professionalisierungsprozeß der Ausdehnung des „Marktes für medizinische Dienstleistungen" wesentliche Bedeutung zu. Der Faktor, der dem Ärztestand die zahlenmäßig größte Klientel zuführte, war eindeutig die gesetzliche Krankenversicherung für Arbeiter. Die Motive der von *Bismarck* als „integrative Staatsbürgerversorgung"[74] konzipierten staatlichen Zwangsversicherung, die – wie in den folgenden Jahrzehnten immer wieder beklagt wurde – ohne Rückfrage

---

68 Albert Niedermeyer: Berufsidealismus, ÄVbl. Nr. 1341 (11.4.1925), Sp. 158-160, Sp. 159.

69 Schadewaldt 1975, S. 43.

70 Vollmann: Dem Hartmann-Bund zum Gruss! (1925), Sp. 389 f.

71 Angaben nach Godwin Jeschal: Politik und Wissenschaft deutscher Ärzte im Ersten Weltkrieg (Diss. Med.), Pattensen/Hannover 1980, S. 14.

72 Ebd.

73 Berechnet nach Angaben von Schadewaldt 1975, S. 163, für den Leipziger Verband; für den Ärztevereinsbund: ÄVbl. Nr. 33/1507 (21.11.1929), Sp. 739 f. Gesamtärztezahlen vgl. Der Große Brockhaus, 15. Auflage, Bd. 1, Leipzig 1928, S. 725; *Rapmund* nennt im Handwörterbuch der Staatswissenschaften 1923 (S. 1059) einen Gesamtorganisationsgrad von 95 Prozent für die Ärzte, der mir aber etwas zu hoch angesetzt scheint.

74 Florian Tennstedt: Sozialgeschichte der Sozialpolitik in Deutschland, Göttingen 1981, S. 146.

bei den Ärzten als „unabhängiger und sachverständiger Faktor“[75] eingeholt zu haben, eingerichtet worden war, lagen auch weniger in dem für den Ärztestand wichtigen Bereich der Sanitätspolitik, als vielmehr in staatspolitischen Überlegungen. Nach diesen sollte die repressive Politik gegenüber der Arbeiterbewegung, wie sie im Sozialistengesetz von 1878 eine scharfe Zuspitzung erfahren hatte, ergänzt werden um gesetzliche Regelungen, die den Arbeiter im Falle von Krankheit, Invalidität oder altersbedingter Erwerbsunfähigkeit nicht mehr an die diskriminierende öffentliche Armenfürsorge verwies, sondern ihm einen staatlich garantierten Rechtsanspruch auf materielle Hilfsleistungen einräumte. Die zahlreichen sozialpolitischen Gesetze, Verordnungen und Erlasse, die bis zum Ersten Weltkrieg häufig auf der Tagesordnung der Reichstagssitzungen standen[76], setzten dementsprechend nicht allgemein bei der armen und bedürftigen Bevölkerung an, sondern bezogen sich auf „bedrohliche Bedürftige“[77], auf die in potenzieller Nähe zur gewerkschaftlichen oder sozialdemokratischen Organisierung stehenden Arbeiter in Industrie und Handwerk.

Das Krankenversicherungsgesetz von 1883 bestimmte für gesetzlich definierte Arbeiterschichten einen Versicherungszwang gegen Krankheit und krankheitsbedingte Arbeitsunfähigkeit. Die Leistungen dieser Versicherung bestanden aus freier ärztlicher Behandlung und Krankengeld als Ersatz für den Lohnausfall. Organisatorisch knüpfte die gesetzliche Krankenversicherung an verschiedene Vorläufer an wie Fabrikkassen, Gesundheitspflegevereine und genossenschaftlichen Gegenseitigkeitskassen. Im Gegensatz zu den „freien Hilfskassen“, die fast ausschließlich den Lohnausfall im Krankheitsfall bezahlten, sollte die gesetzliche Krankenversicherung ausdrücklich, die ärztliche Behandlung gewähren[78], die die

[75] Scholl: Selbstverwaltung der Aerzte in der Sozialversicherung, ÄVbl. Nr. 18/1492 (21.6.1929), Sp. 407-412, Sp. 412.

[76] Vgl. die „Zeittafel sozialpolitischer Gesetze und Verordnungen 1839-1918“ bei F. Syrup: Hundert Jahre staatliche Sozialpolitik 1839-1939, hg. v. J. Scheuble, Stuttgart 1957 (Anhang), die bis zur Verabschiedung der Reichsversicherungsordnung (RVO) 1911 über 50 sozialpolitische Erlasse aufführt.

[77] Volker Hentschel: Geschichte der deutschen Sozialpolitik 1880-1980, Frankfurt a.M. 1983; S. 10 (hier auch weitere Literatur zur Bismarckschen Konzeption staatlicher Sozialpolitik, bes. S. 264). Diese Zielrichtung ging schon aus der „Kaiserlichen Botschaft“ von 1881 hervor, in der Kaiser Wilhelm I den Reichstag aufforderte, „seine Mitwirkung zur Heilung sozialer Schäden im Wege der Gesetzgebung auch ferner nicht versagen“, und gleichzeitig betonte, daß die vorgesehene Sozialgesetzgebung ausdrücklich als „eine Vervollständigung der Gesetzgebung zum Schutze gegen sozialdemokratische Bestrebungen“ zu verstehen sei; zit. n. Handbuch der Politik, hg. v. G. Anschütz u.a., Bd. VI: Urkunden zur Politik unserer Zeit, Berlin 1926; S. 145.

[78] Zu den verschiedensten Vor- und Frühformen des Kassenwesens vgl. u.a. F. Tennstedt 1981, sowie Ders.: Soziale Selbstverwaltung, Geschichte der Selbstverwaltung in der Krankenversicherung, Bd. 2, Bonn o.J. [1977] und U. Frevert: Krankheit als politisches Problem 1770-1880, Göttingen 1984.

Arbeitskraft des einzelnen Versicherten länger und produktiver nutzbar erhalten sollte.

Die Verwaltung der Krankenversicherung sollte, wie schon in der „Kaiserlichen Botschaft“ festgestellt, „in Form kooperativer Genossenschaften unter staatlichem Schutz und staatlicher Förderung“[79] erfolgen, wobei der Kassenvorstand üblicherweise mit ortsansässigen Ärzten Verträge über den Umfang und die Bezahlung der Krankenbehandlung abschloß:

„Die gesetzliche Krankenversicherung wurde teils nach dem Vorbild der Hilfs- und Betriebskassen[,] teils nach dem Muster der damaligen Armenpflege eingerichtet. Für die Behandlung der Krankenkassen wurden einzelne Aerzte angestellt, soweit sich solche überhaupt bereitfinden ließen, diese wenig einträglich erscheinende Praxis zu übernehmen; meist als Bezirksärzte ähnlich wie die Armenärzte.“[80]

Die weiterhin bestehenden „freien Hilfskassen“, die sich ausschließlich aus den Beiträgen der Mitglieder finanzierten, waren sowohl bei den Arbeitern wie bei den Arbeitgebern gut eingeführt. Im Gegensatz zur gesetzlichen Krankenversicherung, bei der die Arbeitgeber rund ein Drittel der Beiträge zu entrichten hatten, waren für die in „freien Hilfskassen“ versicherten Arbeiter keine Zahlungen zu leisten. Daß die freie Versicherung von den Arbeitern und Gesellen der gesetzlichen Zwangskasse vorgezogen wurde, zeigte die geringe Höhe von zunächst nur zehn Prozent gesetzlich Versicherter; dieser Anteil erhöhte sich bis 1913 aber schon auf rund ein Viertel, unter Einrechnung der Familienbehandlung sogar über die Hälfte der Bevölkerung.[81]

Daß es sich bei der neuen Klientel zum größten Teil um Bevölkerungsschichten handelte, die zuvor kaum die Behandlung eines approbierten Arztes hatten in Anspruch nehmen können, sei es aus finanziellen Gründen oder aufgrund eines völlig anderen, traditionell bestimmten Krankheitsverhaltens[82], war unter den Ärzten zum Zeitpunkt der Einführung der obligatorischen Krankenversicherung

79 Zit. n. Tennstedt 1977, S. 39.

80 Helmut Lehmann: Ärzte und Krankenkassen, Berlin 1929 (4. Aufl.), S. 7.

81 Angaben b. Tennstedt 1981, S. 169 f.; ähnlich a. Huerkamp 1985, S. 225, die auf die wichtige Tatsache hinweist, daß es regional sehr große Unterschiede der Versichertenanteile an der Bevölkerung gab. In industriereichen Regionen wie z.B. in Berlin oder dem Königreich Sachsen lag 1911 der Anteil der Kassenmitglieder an der Bevölkerung bei 43,4 bzw. rund 34 Prozent, in der weitgehend agrarisch strukturierten Provinz Posen dagegen nur bei rund 8 Prozent. Zwischen 1885 und 1911 stieg die Anzahl der verschiedenen Kassen (Betriebs-, Orts- Gemeindekassen u.a.) und die Ortskrankenkassen entwickelten sich zu den mitgliedsstärksten Kassen (vgl. Hentschel 1983, S. 266).

82 Vgl. hierzu bes. Reinhard Spree: Soziale Ungleichheit vor Krankheit und Tod, Göttingen 1981.

unbestritten: Sie wirke „günstig", wurde befunden, „indem die durch sie verfügbar gewordenen Geldmittel den Ärzten ein ausgedehnteres therapeutisches Handeln ermöglichten".[83] Letztlich werde – so der hochgeschätzte Wissenschaftler, sozialmedizinisch engagierte Oberregierungs-Medizinalrat Prof. Dr. Rudolf Lennhoff weiter – durch die neuen Anforderungen der Unfall- und Invaliditätsversicherung, die die Wiederherstellung eines möglichst hohen Grades von Erwerbsfähigkeit verlangten, die medizinische Wissenschaft selbst gefördert.[84]

Uneinigkeit herrschte aber in der Beurteilung des Status der neu zugegangenen Klientel. Während die Kassen in den einzelnen Arztverträgen oft ihre Ansicht durchsetzen konnten, daß von denjenigen Behandlungsbedürftigen, die zuvor ja der Armenpraxis zuzurechnen waren, nicht die gleiche Honorarzahlung erwartet werden konnte, wie sie in der Privatpraxis üblich war, und die aufgrund der großen Anzahl neuer Patienten mit einzelnen Ärzten auch „Mengenrabatte" aushandeln konnten, vertrat der Ärztevereinsbund die Auffassung, daß die versicherten Arbeiter keineswegs „Arme" seien, denen unter Heranziehung der in der Armenkranken-Behandlung üblichen Pauschalsätze ärztliche Leistung „um jeden Preis" zu gewähren sei. Ihrem Status entsprechend sollten die Arbeiterversicherten also den vollen Arztpreis zahlen, den die Minimaltaxe für die Privatpraxis festlege. Dieser Preis drücke aus, daß „wer diese nicht bezahlen könne, in die Armenkasse gehöre".[85]

Die drastische Zurückweisung einer differenzierteren Beurteilung der sozialen Lage der Versicherten wurzelte vermutlich neben der Unkenntnis der Lebensbedingungen der Arbeiter in weiten Teilen der Ärzteschaft auch in der Furcht, die erkämpfte Unabhängigkeit von staatlicher Reglementierung, die Befreiung vom Kurierzwang, die Freizügigkeit und die Freiheit der individuellen Honorarvereinbarung wieder zu verlieren, was einem Rückfall in die Zeiten vor der Gewerbefreiheit gleichgekommen wäre. Die Befürchtung, daß der Staat über die gesetzliche Krankenversicherung versuchen könne, eine zahlenmäßig viel umfangreichere Armenkrankenversorgung zu Minimalsätzen zu etablieren und dadurch verdeckt den Kurierzwang doch wieder einzuführen, ging zumindest bei den Standespolitikern um.

In der Satzung des Deutschen Ärztevereinsbundes von 1872 war zwar auch der Passus aufgenommen worden, nach dem die fakultative Teilnahme an der öffentlichen Gesundheitspflege zu den Aufgaben des Bundes gehören solle[86].

---

83 Rudolf Lennhoff: Der Arzt, in: Handbuch der Politik, hg. v. G. Anschütz u.a., Bd. 4: Der wirtschaftliche Aufbau, Berlin/Leipzig 1921, S. 495-502, S. 499.

84 Ebd.

85 Ärztliches Vereinsblatt 1883, Sp. 274, zit. n. Göckenjan 1985, S. 344.

86 Vgl. § 2 der Satzung, abgedruckt b. Graf 1890, S. 22.

Hermann Eberhard *Richter* selbst hatte 1874 in einer „obligatorischen Krankenversicherung ein Mittel [gesehen], der ungenügenden ärztlichen Versorgung weiterer Bevölkerungskreise abzuhelfen“[87], wie es schon die Medizinalreformbewegung um die Jahrhundertmitte des 19. Jahrhunderts gefordert hatte, allerdings ohne die eventuellen Konsequenzen für den Arztberuf zu bedenken.

Neben dem städtischen angestellten Armenarzt und dem medizinischen Forscher und Lehrer an der Universität stellte die private „Hausarzt“-Tätigkeit die im 19. Jahrhundert weit verbreitete Form ärztlicher Berufsausübung dar. Hier war der Arzt nicht nur medizinischer Berater, sondern auch Begleiter einer Familie und Ansprechpartner für unterschiedliche Problembereiche und realisierte so das Idealbild „ärztlichen Wirkens“, in dem die individuelle Beziehung zwischen Arzt und Kranken scheinbar unbeeinflußt von äußeren Faktoren, aber auch ungetrübt von finanziellen Fragen der gerechten Leistungsbewertung, gedeihen sollte. Den Kontrast zwischen den *„geruhigen [sic], behaglichen Zeiten, in denen es keine soziale Versicherung gab“*[88], und dem veränderten Arztberuf nach den 80er Jahren des 19. Jahrhunderts brachte der Vorsitzende des Ärztevereinsbundes, Geheimer Sanitätsrat Hugo *Dippe*, 1925 nach über 30 Jahren Tätigkeit als Standespolitiker pointiert zum Ausdruck. Die heutigen Zustände erschienen ihm wie ein „bitterböses Zerrbild“ der einstigen, „friedlich-freundlichen Zeiten“:

„Kassenpraxis! Das heisst, kümmerlich bezahlte Einzelleistungen, die erst bei erheblicher Menge den notwendigen Unterhalt bieten; das heisst, seine Tätigkeit ausüben unter allerlei Einschränkungen und hemmenden Regeln; das heisst, sich auf das gerade noch Notwendige beschränken unter steter Rücksichtnahme auf die Kasse und die Kollegen, um nicht von den grausamen Abstrichen der Ueberwachungsausschüsse oder gar von Massregelungen und Strafen getroffen zu werden.“[89]

Abgesehen von der Verklärung vergangener Zeiten, die alle durchaus vorhandene Abhängigkeit des Arztes von seiner Klientel – nicht nur finanziell, sondern auch therapeutisch konnte der in Patronage-ähnlichem Abhängigkeitsverhältnis kurierende „Hausarzt“ durchaus nicht so frei entscheiden, wie es im Nachhinein dargestellt wurde[90] – zum Idealbild romantisierte, findet sich in der *Dippeschen*

---

87 Paul Diepgen: Der Deutsche Ärztevereinsbund und seine Zeit bei der Gründung und heute. DÄbl. Nr. 18 (21.6.1931), S. 243-246, S. 244.

88 Hugo Dippe: Eröffnungsrede auf dem 44. Deutschen Ärztetag. ÄVbl. Nr. 1360 (Sonderheft Ärztetag, 21.10.1925), S. 3-6, S. 5.

89 Ebd.

90 Vgl. hierzu Huerkamp 1985, die die Abhängigkeit der akademischen Ärzte von ihrer „kleinen, exklusiven Klientel“ für den Zeitraum vor der „Verwissenschaftlichung“ der Medizin sehr anschaulich beschreibt (S. 303 ff.).

Beschreibung des Alptraums „Kassenpraxis!“ einiges an realistischer Schilderung der Veränderung.

Der bei *Dippe* an die erste Stelle seines Lamentos gesetzte finanzielle Aspekt schien für die erste Phase der Auseinandersetzung mit der Versicherungsgesetzgebung der Dominierende gewesen zu sein. Priorität räumte man der „kümmerlich bezahlte[n] Einzelleistung“ vermutlich deshalb ein, weil die kassenübliche Entlohnung der angestellten Kassenärzte durch eine Pauschalsumme erfolgte. Dieses Verfahren war dem der Armenpraxis nachgebildet, bei der ein Arzt eine festgelegte, zumeist jährlich entrichtete Summe für die Behandlung der Armen erhielt, die unabhängig von der Häufigkeit der Inanspruchnahme seiner Leistungen war. Wenn man diese Pauschalsumme auf geleistete Krankenbehandlung umrechnete, ergab sich z.B. in Zeiten einer Grippeepidemie, in der der Arzt besonders häufig frequentiert wurde, pro Behandlung ein geringerer Wert als in gesundheitlich ruhigeren Zeiten. Grundsätzlich aber wurde mit der Pauschalsumme nie der Betrag des an Privathonorars zu liquidierenden Betrages für die gleiche Arbeitsleistung erreicht.

Befürworter der Kassen führten zu deren Verteidigung an, *„daß durch die Kassen die Ärzte vor Einnahmeverlust aus der Praxis der Minderbemittelten gesichert seien“*[91]. Dies sei nicht der Kritikpunkt der Ärzte, so *Lennhoff*: *„Demgegenüber führen die Ärzte an, daß, wenn auch früher die Inanspruchnahme geringer gewesen sei, so doch die Bezahlung soviel besser, daß jetzt zur Erzielung einer gleichen Einnahme viel mehr Leistungen notwendig seien.“*[92]

Daß die Kassen niedrigere Arzthonorare bezahlten, wurde von uneingeschränkt die Versicherung befürwortenden Ärzten zugegeben, denn aufgrund der großen Zahl der Versicherten könnten diese keine höheren Honorare zahlen. Als „böse Absicht“ hingegen konnte es von den Skeptikern, die sich noch gut an den mühsamen Emanzipationskampf des Standes erinnerten, aufgefaßt werden. Jedenfalls waren es zum geringsten Teil die „unterbezahlten“ Kassenärzte selbst, die die Bezahlung reklamierten, sondern die ärztlichen Standespolitiker, und das obwohl zwischen 1883 und 1913 die Zahl der Kassenärzte absolut und relativ anstieg und mit der Zahl auch die Realeinkommen der Ärzte wuchsen. Leider sind exakte Zahlen nur für einzelne Orte und/oder kurze Zeitspannen zu bekommen. Wie *Plaut* offenherzig mitteilte, veröffentlichte z.B. die Berlin-Brandenburgische Ärztekammer seit 1906 keine Einkommensstatistiken mehr *„aus Furcht vor dem Mißbrauch durch die Sozialdemokratie und die Kassen“*.[93]

---

[91] Lennhoff 1921, S. 499.

[92] Ebd., S. 499 f.

[93] Th. Plaut: Der Gewerkschaftskampf der Ärzte, Karlsruhe 1913, S. 186.

Um dasselbe Niveau des Einkommens zu erreichen, mußten die Leistungen der Kassenpraxis weniger arbeitsintensiv sein, was durch schnellere und oberflächlichere Untersuchungen erreicht werden könne. Dieser Zwang zur „Massenverarztung", zu „Entpersönlichung und Versachlichung" sei Folge der geringeren Bezahlung der Kassenarzttätigkeit, der sowohl das Ansehen ärztlicher Arbeit wie auch die eigene „Berufsfreude" mindere: *„Damit sank notwendigerweise die Wertarbeitsleistung seitens des Arztes, die Unsicherheitsgrenze der Fehldiagnosemöglichkeiten stieg."*[94]

Hinter den Klagen über die unzureichende Bezahlung erscheint die Furcht des Kassenarztes vor der „Taylorisierung seiner gesamten Tätigkeit"[95], die begann, die gewohnte Form der „Hausarzt"-Praxis, deren wichtigste Kennzeichen die Individualität, intensive persönliche Beziehungen und die angemessene Honorierung der „heilkünstlerischen" Leistung waren, abzulösen. Der Versicherungsgesetzgebung kam in diesem Prozeß Verstärkerfunktion zu, indem sie über die Einbeziehung größerer Teile der Bevölkerung allmählich eine Angleichung des Gesundheitsverhaltens an die ärztlichen Vorstellungen von Hygiene und Gesundheit der zuvor strikt segmentierten Klientel medizinischer Dienstleistungen auslöste. Die wissenschaftlichen Fortschritte der Medizin wirkten sich jedoch zunächst nur auf diagnostischem Gebiet aus, da vor allem den Unterschichten bis zur Jahrhundertwende noch das Geld fehlte, den insgesamt schlechten Gesundheitszustand zu verbessern und die Therapievorschläge des Arztes zu befolgen.

Eine zweite Phase der Auseinandersetzung mit dem Komplex Sozialversicherung begann für die Ärzte, nachdem in mehreren Novellen des Krankenversicherungsgesetzes zu den bereits versicherten Arbeitern aus Bergbau, Industrie und Handwerk auch die Arbeiter im Post- und Eisenbahnbereich und die Transportarbeiter (1885), land- und forstwirtschaftliche Arbeiter (1886) und 1892 schließlich die Handlungsgehilfen und Lehrlinge sowie die Beschäftigten bei Krankenkassen, Berufsgenossenschaften und Versicherungsanstalten hinzukamen, wenn ihr Jahresverdienst die Pflichtversicherungsgrenze von 2000 Mark nicht überschritt. Ab den 90er Jahren des 19. Jahrhunderts wurde die Tätigkeit als Kassenarzt für einen größeren Teil der Ärzte zu einem wichtigen Einkommensfaktor, denn die Zahlen der Medizinstudenten stiegen seit Anfang der 1880er Jahre ständig. 1891/92 war der Anteil der Medizinstudenten an der gesamten Studentenschaft auf den Höchstwert von 29,9 Prozent angewachsen[96], was die Furcht der Ärzte vor Konkurrenz in den eigenen Reihen hervorrief.

---

[94] Kurt Finkenrath: Die Verstaatlichung des Patienten. In: Der Arzt und der Staat. Sieben Vorträge, gehalten im Winter 1928/29 von L. Ebermayer u.a. Leipzig 1929, S. 60-90; S. 76.

[95] Ebd., S. 88.

[96] Vgl. Tabelle 3: „Medizinstudenten an deutschen Universitäten 1830-1911" bei Huerkamp 1985, S. 62.

Die steigenden Ärztezahlen stellten wiederum die Kassen finanziell vor große Probleme, da zusehends mehr Ärzte die Nebentätigkeit als Kassenarzt – trotz der Differenzen in der Honorarfragen – annahmen. Die Kassenvorstände sahen sich gezwungen, eine Novellierung der Krankenversicherung dahingehend zu fordern, daß ihnen die Möglichkeit der Begrenzung der Arztzahl gegeben wurde. Die Novelle vom 10. April 1892 gab den Kassen dann auch das Recht, *„die Behandlung nur durch bestimmte Aerzte zu gewähren"*, wie der Kassenfunktionär Helmut Lehmann formulierte. *„Sie begannen unter den Kassenärzten Auslese zu halten und nur noch mit denen Verträge zu schließen, die sich als gewissenhaft und sozialdenkend erwiesen hatten. Man kam zu dem System der beschränkt freien Arztwahl."*[97]

Das Prinzip der „Auslese unter den Ärzten", noch dazu durch Laien, manchmal auch Nicht-Akademiker, stellte neben den fortgesetzten Debatten über die Honorierung des Kassenarztes ein weiteres Kampffeld zwischen Ärzteverbänden und Kassen dar. Nicht nur die Diskrepanz zwischen Laien und professionellen Experten, die sich als allein Verantwortliche für die richtige Besetzung der Kassenarztstellen fühlten, stand in der Diskussion, sondern auch die „Qualität" der Laien: neben dem hohen sozialen Gefälle zwischen den bildungsbürgerlich geprägten akademischen Medizinern als Anbietern von Arbeitskraft und den gewählten Versichertenvertretern im Kassenvorstand war hier die Tatsache von Bedeutung, daß zunehmend die Sozialdemokratie den Weg in die Institutionen der Versicherungen suchte.

Vor allem von den in den freien Hilfskassen versicherten, zumeist der SPD nahestehenden Arbeitern war die Arbeiterversicherungsgesetzgebung wegen der ihr zugedachten integrativen Wirkung und des Zwangscharakters „verspottet und bekämpft worden": *„Dazu kam die ganze Art der Einführung der Gesetze, das bekannte Diktieren von oben, das Vorgehen der Verwaltungsbehörden usw. Die Versicherten selbst waren gegen den Zwang aufgebracht, das Gesetz gegen den Willen ihrer Vertreter im Parlament geschaffen worden."*[98]

Solange die freien Hilfskassen als gleichwertige Alternative der Absicherung gegen das Krankheitsrisiko bestanden, war für ihre Mitglieder kein Grund vorhanden, den Zwangskassen gegenüber eine positivere Haltung einzunehmen. Mit dem Gesetz zur Invaliden- und Altersversicherung von 1889 wurden die *freien Hilfskassen* vom Wahlrecht zu Ausschüssen des Aufsichtsrates und der Schiedsgerichte ausgeschlossen und ihr Status als Ersatzkasse mehr und mehr zurückgedrängt. Vermutlich gab diese Tendenz, bestätigt durch die Novelle von 1892, den Ausschlag für die Sozialdemokratie, ihre Mitglieder zum Besetzen von Stel-

97 Lehmann: Ärzte und Krankenkassen, Berlin 1929 (4. Aufl.), S. 8.

98 Eduard Graf: Die Krankenversicherung von 1894-1919, Dresden 1919, S. 17 ff., zit. n. Tennstedt 1977 S. 48.

len in der Selbstverwaltung der *Zwangskassen* aufzufordern. Zuversichtlich erläuterte Paul *Singer*, Fabrikbesitzer und Reichstagsabgeordneter, auf dem SPD-Parteitag 1892 die gegenwärtige Entwicklung:

„Die bürgerlichen Parteien, welche mit dem Ruin der Hilfskassen einen Schlag gegen die Sozialdemokratie zu führen glaubten, haben durch die letzte Krankenkassennovelle die Zwangskassen dem sozialdemokratischen Ansturm preisgegeben (...). Wenn es wahr ist, daß in den Hilfskassen vorzugsweise sozialdemokratische Anschauungen und Grundsätze gepflegt worden sind, dann sind binnen kurzer Zeit die Zwangskassen Sammelplätze für die ziel- und klassenbewußte Arbeiterschaft, welche ihre politische Organisation in der Sozialdemokratie besitzt und welche auch auf dem Gebiete der Krankenpflege befähigt und gewillt ist, die Forderungen der Arbeiterklasse zu erfüllen.“[99]

Die Forderungen der Arbeiterklasse auf dem Gebiete der Krankenpflege, auf die sich *Singer* bezog, waren der Punkt 9 des Erfurter Programms, der die *„Unentgeltlichkeit der ärztlichen Hilfeleistung einschließlich der Geburtshilfe und der Heilmittel“*[100] forderte, sowie die im Anschluß an Sofortmaßnahmen der Arbeiterschutzgesetzgebung aufgestellte Forderung nach *„Übernahme der gesamten Arbeiterversicherung durch das Reich“*, wobei die Arbeiter „maßgebend“ an der Verwaltung mitwirken sollten.[101]

Obwohl die Sozialdemokratie keineswegs von Anfang an die Versicherungsgesetzgebung gefördert hatte, war es für ihre Gegner, und aufgrund der Forderung, *„die Ärzte zu Beamten umzugestalten – Punkt 9 des Erfurter Parteiprogramms“*,[102] gehörte der größte Teil des Ärztestandes hierzu,[103] möglich geworden, die Negativfolgen einer allgemeinen Entwicklung gesellschaftlicher Modernisierung an der politischen Ausrichtung einer Partei festzumachen. Die Gleichsetzung von Sozialdemokratie und Sozialversicherung setzte zeitgleich mit dem Erfolg der sozialdemokratischen Strategie der Ämterbesetzung ein. Wilhelm *Möller*, Mitglied des

---

99 Zit. n. Tennstedt, S. 53.

100 Wilhelm Mommsen (Hg.): Deutsche Parteiprogramme, München 1960 (3. Aufl.); S. 352.

101 Ebd., S. 353. Die Formulierung von der „maßgebenden Mitwirkung der Versicherten“ findet sich im Art. 161 der Weimarer Verfassung wieder; vgl. den Kommentar zum zweiten Teil der Reichsverfassung; Die Grundrechte und Grundpflichten der Reichsverfassung, hg. v. Hans Carl Nipperdey, Bd. 3; Artikel 143-165, Berlin 1930; S. 452.

102 Th. Plaut 1913, S. 86.

103 Es scheint Kreise innerhalb der Ärzteschaft gegeben zu haben, die – ohne der SPD nahezustehen – in der *Verstaatlichung* des Ärztestandes eine Lösung der Arztfrage erblickten. Zu ihnen gehörte u.a. Wilhelm Schallmayer, der allerdings weniger von der gegenwärtigen ärztlichen Berufsausübung als vielmehr von den zukünftigen Aufgaben des Arztes im Bereich der Rassenhygiene ausgehend, die „Verstaatlichung des ärztlichen Standes“ forderte (W. Schallmayer: Die drohende physische Entartung der Culturvölker, Berlin/Neuwied 1895 (2. Aufl.; zuerst 1891), S. 36-46.

„Reichsverbandes gegen die Sozialdemokratie“[104], formulierte 1910 seine Kritik an der angeblich zu freundlichen Haltung der Regierung gegenüber der Sozialdemokratie: *„Im Reichsamt des Innern hatte man damals (...) wenig Verständnis für die Gefahr, die aus dem Einnisten der Umsturzpartei in den Krankenkassen politisch dem Staatsinteresse, wirtschaftlich und ethisch großen, von den Kassenvorständen abhängigen Berufsständen drohte.“*[105]

Möllers Vorwurf bezog sich auf die Novelle des Krankenversicherungsgesetzes von 1903, bei der *Posadowsky* versäumt habe, *„die aus der Not und Bedrängnis der Kassenärzte geborene Ärztefrage“*[106] einer Lösung näherzubringen. „Positive Lösung“ bedeutete zum einen, auf der Ebene der Versicherung eine Reform in dem Sinne anzustreben, „daß die Krankenkassen nicht ferner von der Sozialdemokratie zu ihren Zwecken ausgebeutet werden“[107], zum anderen die Regelung des Verhältnisses der Ärzteschaft zum Staat, was für die Standespolitiker lediglich über den Erlaß einer Reichsärzteordnung ermöglicht werden können.

Die Reichsversicherungsordnung, nach jahrelangen Debatten am 19. Juli 1911 *gegen* die Stimmen der Sozialdemokraten verabschiedet, sollte vor allem eine Zusammenfassung der verschiedenen Versicherungszweige in einem Gesetzeswerk leisten. Bereits die veröffentlichten Entwürfe stießen auf heftige Kritik der Ärzteverbände, wobei einer der Hauptkritikpunkte die vorgesehene Zwangsschlichtung bei unüberwindlich scheinenden Gegensätzen zwischen Kassen und Ärzten darstellte. Zur Sicherstellung der ärztlichen Versorgung der Bevölkerung im Fall länger andauernder „Kassenkämpfe“ sollte, falls Vermittlungsversuche zwischen beiden Kontrahenten erfolglos verliefen, die Entscheidung einem paritätisch besetzten Schiedsausschuß überlassen werden. Diese Regelung veranlaßte den außerordentlichen Ärztetag 1910 zur Annahme einer Resolution, die sich strikt dagegen verwahrte, daß die Ärzte „wehrlos“ gemacht und der *„unbeschränkten Herrschaft der Kassenvorstände ausgeliefert werden“*. Bei nur drei Gegenstimmen rief der Ärztetag die Ärzte auf, *„in festem Zusammenschluß die Waffen der Selbsthilfe bereitzuhalten“*.[108] Weitere Verhandlungen zwischen Ärzteverbänden und Kas-

[104] Vgl. hierzu Klaus Saul: Staat, Industrie, Arbeiterbewegung im Kaiserreich. Düsseldorf 1974, S. 115-132.

[105] Wilhelm Möller: Die Herrschaft der Sozialdemokratie in der deutschen Krankenversicherung, Berlin 1910, S. 23 f.; zit. n. Tennstedt 1977, S. 59.

[106] Ebd.

[107] Nach einem Brief des bayerischen Gesandten in Berlin an den bayerischen Ministerpräsidenten vom Sommer 1907 habe sich *Bethmann Hollweg* in diesem Sinne geäußert (zit. n. Tennstedt 1977, S. 59).

[108] Resolution des Ärztetages 1910, abgedruckt b. Gabriel: Die kassenärztliche Frage, Leipzig 1912 (zit. n. Rolf Neuhaus: Arbeitskämpfe, Ärztestreiks, Sozialreformer, Sozialpolitische Konfliktregelung 1900 bis 1914, Berlin/West 1986, S. 337).

sen folgten, da der Teil der Reichsversicherungsordnung, der die Neuregelung der Krankenversicherung vornahm, zum 1. Januar 1914 in Kraft treten sollte. Bezüglich der Anerkennung des Leipziger Verbandes als offizieller Ansprechpartner der Kassen, der Einführung der „freien Arztwahl" und einer Honoraranhebung für kassenärztliche Tätigkeit hatte jedoch noch keine Einigung erzielt werden können.

Ein weiterer außerordentlicher Ärztetag im Oktober 1913 fand statt, der es den Mitgliedern der Ärzteverbände zur „heiligen Pflicht" machte, ab sofort keine neuen Verträge mehr mit einer Kasse abzuschließen und die *„kassenärztliche Versorgung aller früheren wie auch der neu hinzutretenden Versicherten unbedingt abzulehnen"*.[109] Daraufhin wurden die meisten Kassenarztverträge zum 31. Dezember 1913 gekündigt, der sogenannte „Vertragslose Zustand" herbeigeführt, der für die Versicherten bedeutete, daß die bisherigen Kassenärzte die Krankenscheine nicht mehr anerkannten und ärztliche Behandlung nur noch gegen Barzahlung zu erhalten war.[110]

Nachdem vereinzelt Annäherungsbemühungen auf lokaler, zum Teil auch auf Länderebene, die Unversöhnlichkeit der gegensätzlichen Standpunkte doch in Frage gestellt hatten, unternahm das Reichsministerium des Innern am 22. und 23. Dezember 1913 einen weiteren, schließlich erfolgreichen Vermittlungsversuch, der unter der Bezeichnung „Berliner Abkommen" für die nächsten zehn Jahre die Grundlagen der Beziehungen zwischen Ärzten und Kassen darstellte.

Das *Berliner Abkommen* wurde von Kassen- wie Ärzteseite gleichermaßen als Kompromiß angesehen. In der Rückschau aber erwies sich vor allem der Verlust der Zulassungsautonomie der Kassen zu den Kassenarztstellen und die Mitgestaltungsrechte des Vertragsausschusses bei den Kassenarztverträgen als so großer Zugewinn für den Ärztestand, daß dagegen der Verzicht auf ihre bisherigen Kernforderungen – organisierte freie Arztwahl und Abschluß von Kollektivverträgen – kaum ins Gewicht fiel. Die Einführung der Arztregister, in die sich *jeder* Bewerber für die Kassenpraxis einzutragen hatte, die Festsetzung einer Mindestzahl von Kassenärzten für den jeweiligen Bezirk von einem Arzt auf 1350 bzw. 1000 Versicherte bei Familienbehandlung und nicht zuletzt die Anerkennung des *Leipziger Verbandes* als offiziell die Ärzteinteressen vertretender Verhandlungspartner kamen den Zielen der Ärzteverbände näher als denen der Kassen, so

---

[109] Ebd., zit. n. Neuhaus 1986, S. 348.

[110] Als Reaktion auf den bereits häufiger angewandten „vertragslosen Zustand" war der § 370 in die RVO eingefügt worden, der im Falle des Ärztestreiks Auszahlung eines erhöhten Krankengeldes an die Versicherten vorsah, das diesen ermöglichen sollte, sich anderweitig um ärztliche Hilfe zu bemühen.

auch Neuhaus: *„Daß dies faktisch die Einführung des Kollektivvertrages bedeutete und damit einen allmählichen Übergang zur organisierten freien Arztwahl ermöglichte, wurde erst im Laufe der weiteren Entwicklung zur Gewißheit.“*[111]

Dem *Berliner Abkommen* kam insofern große Bedeutung zu, als es zunächst einmal für die relativ lange Zeit der zehnjährigen Laufzeit konzipiert war;[112] wichtiger war aber noch der Inhalt dieses Abkommens der Spitzenverbände, das eine „Machtbalance“[113] herstellte. Zwar regelte auch weiterhin ein Einzelvertrag die Arbeitsbeziehung zwischen Kassenarzt und Krankenkasse, allerdings hatte der Leipziger Verband als anerkannter Vertreter der Kassenarztinteressen das Recht erhalten, einen Manteltarif auszuhandeln; beide Verbände verpflichteten sich, ihre Mitglieder zur Einhaltung der abgeschlossenen Verträge anzuhalten.

In professionspolitischer Hinsicht waren diese Regelungen ein deutlicher Hinweis auf die starke Stellung der Ärzteverbände, denen es im Zuge der Auseinandersetzungen seit der Jahrhundertwende gelungen war, hiermit Zugang zu den Regelungsmechanismen des ärztlichen Arbeitsmarktes zu gewinnen. Bezüglich der Kurpfuscherfrage war das endgültige Ziel, eine gesetzliche Regelung in Form des Kurpfuschereiverbotes, zwar nicht erreicht worden. Aber in allen Verträgen mit den Krankenkassen war grundsätzlich davon auszugehen, daß „ärztliche Hilfe“ einzig von den approbierten Ärzten gewährt werden sollte. Lediglich in dem Fall, daß dem Kranken ärztliche Hilfe nicht zur Verfügung gestellt werden konnte (z.B. beim „Vertragslosen Zustand“), war auch der versicherte Kranke berechtigt, *„die Hilfe anderer Heilkundiger zu Lasten der Kasse in Anspruch zu nehmen“*.[114]

---

[111] Neuhaus 1986, S. 354.

[112] 1923 wollten zwar weder die Kassen- noch die Ärzteverbände das Abkommen weiterführen, die Regierung hingegen verfügte, als ein großangelegter Ärztestreik sich ankündigte, per Notverordnung im Oktober die fortdauernde Geltung des Berliner Abkommens.

[113] Huerkamp 1985, S. 239.

[114] Erläuterungen des Begriffes „ärztliche Behandlung“ in § 122 der RVO, Fassung vom 15. Dezember 1924 (zit. n. Lehmann 1929, S. 19-20; S. 19).

2. Der Ärztestand der Weimarer Republik: Soziale Stellung und Selbstdarstellung im *„Ärztlichen Vereinsblatt"/„Deutsches Ärzteblatt"* 1919-1932

Der Hauptteil dieser Arbeit befaßt sich mit zwei Schwerpunkten: der Stellung des Arztberufes in der Gesellschaft des 20. Jahrhunderts und den Auswirkungen der Krankenversicherung auf die Beziehung des Arztes zu seinen versicherten Kranken.

Zunächst wird, ausgehend von der bildungsbürgerlichen Tradition des Arztberufes und seiner spezifisch mittelständischen Auseinandersetzung mit gesellschaftlicher Veränderung, der freie Beruf des Arztes und seine Bedrohung durch Forderungen nach „Verstaatlichung" oder „Sozialisierung" dargestellt. Während der Weimarer Republik stellte die angebliche „Proletarisierung" des Ärztestandes ein dominantes Thema professionspolitischer Argumentation dar. Der inhaltlichen Klärung dieser Bezeichnung folgt die Gegenüberstellung der sozialen Herkunft der Ärzte und der Medizinstudierenden der 1920er Jahre und der Versuch, annäherungsweise die tatsächliche ökonomische Situation des Arztes zu erfassen.

Im zweiten Themenbereich wird das Arzt-Patienten-Verhältnis, seine Änderungen durch die gesetzliche Krankenversicherung und die (Nicht-) Reflexion dieser Veränderungen im ärztlichen Berufsethos untersucht. An diesem Punkt wird deutlich, daß die starke Prägung des Arztberufes durch das vormoderne Arztbild des „heilkünstlerischen Individuums" den Blick auf die gesellschaftliche Realität des 20. Jahrhunderts eher verstellt als eröffnet. Der Konstituierung von zwei Patientenkategorien, den traditionellen privaten Kranken und den neu hinzukommenden Kassenkranken, entsprechen Vorstellungen einer unterschiedlichen gesellschaftlichen „Natur" dieser Klienten-Gruppen. Die versicherungspflichtigen Arbeiter und unteren Angestelltenschichten werden nicht nur als medizinisch zu therapierende Kranke beschrieben, sondern gleichfalls zum Objekt einer sittlichen Erziehung durch den Arzt degradiert.

2.1. Der freie Arztberuf in der modernen Gesellschaft

Die im vorigen Kapitel angedeuteten Entwicklungsstränge im ärztlichen Beruf – Vereinheitlichung, akademische Ausbildung, Zuwachs an neuer Klientel, Umbau traditioneller Standesvereine zu starken Interessenvertretungen – lassen sich als Professionalisierungsprozeß kennzeichnen, in dessen Endphase sich im ersten Viertel des 20. Jahrhunderts die charakteristischen Merkmale der modernen Profession auch beim Arztberuf finden lassen: „berufliche Autonomie, Dominanz über die Arbeitsteilung im medizinischen Bereich, Kontrolle des Zugangs zum Beruf über formalisierte Qualifikationsbedingungen, Beherrschung von Expertenwissen, das eine charakteristische Distanz zwischen Experten und Laien begründet.“[115]

In den harten Auseinandersetzungen des Ärztestandes mit den Trägern der Krankenversicherung seit den 1890er Jahren hatte sich auch deutlich gezeigt, daß nicht, wie zunächst von den Ärzten befürchtet, die Weisungsbefugnis der Kassenvorstände den Kassenarzt zum „Sklave(n) der Kasse“[116] erniedrigt hatte, sondern daß professionelle Autonomie und Krankenversicherung wesentlich zur Stabilisierung der ärztlichen Beschäftigungssituation beigetragen hatten. Indem die Kassen Mitglieder, die die Anordnungen des Kassenarztes nicht befolgten, mit empfindlichen Sanktionen belegten (z.B. dem Kassenausschluß), stärkten sie die Autorität des „studierten Medikers“ sehr erheblich gegenüber den Laienmedizinern, zum anderen sorgten die Krankenkassen für die große Zahl von Jungärzten für Verdienstmöglichkeiten, die ihnen in der Privatpraxis nicht offengestanden hätten.

Der Professionalisierungsansatz eignet sich in erster Linie dazu, wissenschaftssoziologisch Veränderung in Berufen nachzuverfolgen, die – im deutschen Sprachraum handelt es sich vorwiegend um die sogenannten „freien Berufe“ – auf akademischer Ausbildung basierend, im Interesse des Gemeinwohls ausgeübt werden, die hohes Sozialprestige genießen. Auffällig an der sozialen Zusammensetzung der einzelnen Berufsgruppen der „Professionals“ ist der hohe Anteil bürgerlicher Herkunft[117]; die Vermutung liegt nahe, daß Professionalisierung einzelner Berufe im Zusammenhang mit der „Erosion bildungsbürgerlichen Zusammenhalts“[118] zu sehen ist, d.h. Professionalisierung eine parallel verlaufende, aber nur partikular und nicht generalisierbare Erscheinung bei ehemals ausgesprochen bildungsbürgerlichen Berufen darstellt.[119]

---

115 Huerkamp 1980, S. 349.

116 Justus Thiersch: Der Kassenarzt. Leipzig 1895, S. 78 f., zit. n. Roessler/Viefhues, Medizinische Soziologie. Stuttgart, New York 1978, S. 91.

117 So z.B. Eliot Freidson: Der Ärztestand. Stuttgart 1979, S. 145. Vgl. a. die soziale Herkunft der Medizinstudierenden der Weimarer Republik im folgenden Abschnitt dieser Arbeit. Zur Rekrutierung der Medizinstudenten im 19. Jahrhundert vgl. a. Hartmut Kaelble: Soziale Mobilität und Chancengleichheit im 19. und 20. Jahrhundert. Göttingen 1983, S. 51 ff. „Bürgerliche Herkunft“ ist hier als Negativdefinition gebraucht und umfaßt Studenten, die nicht aus Unterschichtfamilien (Vaterberuf: Arbeiter, unterer Beamter, unterste Militärberufe oder Dienstbote) oder der Kapitalistenklasse (IX) entstammen und nicht bäuerlicher Herkunft sind.

118 Huerkamp 1985, S. 309.

119 Vgl. hierzu „Geschichte und Gesellschaft“ 1980, H. 3: „Professionalisierung in historischer Perspektive“.

Die Probleme der Einordnung des Arztberufes in die soziale Schichtung der Gesellschaft liegen auf verschiedenen Ebenen, deren wichtigste zum einen das Modell einer gesellschaftlichen Schichtung nach ökonomischen Kriterien überhaupt darstellt[120]; zum anderen sind es Schwierigkeiten, die sich aus dem „Wesen" des Arztberufes und seiner Wandlung selbst ergeben. Hier soll es lediglich darum gehen, diese Probleme als sich historisch entwickelnde darzustellen und einen gesellschaftlichen Ort des Arztes annäherungsweise zu beschreiben, der es ermöglichen könnte, spezifisch ärztliche Reaktionen sowohl auf ökonomische Veränderungen als auch auf gesellschaftspolitische Forderungen an den Ärztestand erklärbarer zu machen. Wesentlicher Bestandteil der professionellen Berufsausübung ist – wie Eliot Freidson zu Recht feststellt – „das, was im Laufe der Geschichte einem Beruf an Status zugewachsen ist, und ist die soziale Herkunft dessen, der ihn innehat. Da die Professionals überwiegend aus dem Bürgertum kommen, legen sie auf Unabhängigkeit ihres Status, auf sozialen und wirtschaftlichen Individualismus und die Würde ihrer Schicht besonderen Wert."[121] Neben der zahlenmäßig größeren Gruppe der Beamtenschaft stellten die Vertreter der freien Berufe mit akademischer Bildung die zweite Großgruppe des Bildungsbürgertums im 19. Jahrhundert. Wichtigstes gemeinsames Kennzeichen der bildungsbürgerlichen Schicht stellte die universitäre Ausbildung dar, die ergänzt wurde durch eine hohe Selbstrekturierungsquote (vor allem bei den Beamten), gesellschaftlichem Verkehr vor allem innerhalb des Bildungsbürgertums selbst oder mit Statusgruppen, deren soziales Prestige als ebenbürtig betrachtet wurde, wie überhaupt dem gesellschaftlichen Prestige eine wichtige Rolle eingeräumt wurde.[122] Die Akademiker stellten die „sehr fest abgegrenzte Kernmasse innerhalb der ‚Gebildeten' [dar], fest gebunden vor allem durch das Reservat gehobener Berufsfunktionen".[123]

---

120 Einen bis heute vorbildlichen Problemaufriß stellt Theodor Geigers 1932 veröffentlichter „soziographischer Versuch" dar. Die soziale Schichtung des deutschen Volkes (Neuauflage Stuttgart 1967). Er faßt die ökonomische Lage spezieller Berufsgruppen nicht als alleiniges Kriterium der Schichtzugehörigkeit auf, sondern führt zusätzlich schichtspezifische Mentalitäten als „beobachtete Figuren des Sozialbewußtseins" (S. 77) ein.

121 Freidson 1979, S. 145.

122 Zusammengefaßt nach Klaus Vondung: Zur Lage der Gebildeten in der wilhelminischen Zeit. In: Ders. (Hg.), Das wilhelminische Bildungsbürgertum. Göttingen 1976, S. 20-33, S. 25 f. In der Weimarer Republik ist eine scharfe Absetzung des freiberuflichen Ärztestandes vom Beamtenstatus festzustellen, die die Tätigkeit als Beamter sogar mit „Proletarisierung" des Arztes gleichsetzt, so z.B. Walder, Die Krise des Aerztestandes und die Sozialhygiene (in: DÄBl. Nr. 9 (21.3.1930), S. 104-105), der eine mögliche Stellung des Arztes als „Sozialbeamter" als „ein Hinabgleiten in das Proletariat" bezeichnet (S. 105).

123 Geiger 1932, S. 99.

Abb. 2: Angehörige studentischer Verbindungen an der Berliner Universität ziehen am 18. Januar 1925 zur Aula, um den Jahrestag der Reichsgründung 1871 zu feiern

Die ‚gehobenen Berufsfunktionen' wiederum waren es, die Angehörige bildungsbürgerlicher Berufe – Richter, Universitätsprofessoren, Rechtsanwälte, Ärzte usw. – von den nicht-akademisch ausgebildeten, aber gleichfalls dem Mittelstand[124] zugerechneten Berufsgruppen der Handwerker, Handel- und Gewerbetreibenden, der Bauern und – seit der Wende zum 20. Jahrhundert – auch der

124 Zur historischen Begrifflichkeit vgl. Werner Conze: Mittelstand. In: Geschichtliche Grundbegriffe. Historisches Lexikon zur politisch-sozialen Sprache in Deutschland, hg. v. Otto Brunner u.a., Bd. 4, Stuttgart 1978, S. 49-92. Gebräuchlich wird die Bezeichnung „Mittelstand" in Deutschland in den 30er Jahren des 19. Jahrhunderts, und zwar für eine „Menschenklasse", die sich durch „vielfachste und umfassendste Tätigkeit in Handel und Gewerbe wie in der Wissenschaft und Kunst" auszeichnet (Allgemeines Handwörterbuch, Supplementband zur zweiten Auflage, 1838, zit. nach Conze, S. 62). Im ersten Drittel des 19. Jahrhunderts kennzeichnete „Mittelstand" somit das aus Besitz- und Bildungsbürgertum bestehende Stadtbürgertum.

Angestellten[125], abhob. Die begriffliche Zusammenfassung so heterogener Bevölkerungsgruppen zu einer gesellschaftlich-sozialen Einheit wurde durch die Vagheit der Bezeichnung ermöglicht: Zugehörigkeit zum Mittelstand weise sich aus durch ‚mittleres' Einkommen und Vermögen, aber auch durch „Vorstellungen der Ehre, des sozialen Ranges, der technischen und menschlichen Bildung, der Lebenshaltung, der Berufs- und Arbeitsteilung"[126]. Sowohl die ökonomische Mittelposition in der Gesellschaft als Schicht „zwischen arm und reich"[127], wie auch die Vorstellung von der besonderen kulturellen und sozialen Bedeutung des Mittelstandes als „Träger von Sitte, Kultur und Fortschritt"[128] zeigte die Attraktivität einer Selbstzuordnung für große Kreise der Bevölkerung.

Industrialisierungsprozeß, kapitalistische Entwicklung der Wirtschaft und bürokratische Rationalisierung des modernen Staates veränderten grundlegend jede Form der Erwerbstätigkeit, selbst wenn sie nicht direkt oder nur sehr entfernt mit industrieller Großproduktion in Berührung kam. Nicht nur die sozialen Gegensätze zwischen Arbeitern und selbständigen Handwerkern, kleinen Handel- und Gewerbetreibenden wuchsen, sondern auch innerhalb des ‚alten Mittelstandes' stellte sich eine zunehmende Polarisierung ein, die sich in einer „verschärfte[n] Abhängigkeit vieler Schichten des Mittelstandes" äußerte: „Deutlich ist die Abhängigkeit der Angestellten von den Unternehmern, der Aerzte von den Krankenkassen. Der Handwerker ist in größerem Maße von seinen Lieferanten, der Handel von den industriellen Konzernen abhängig."[129]

Selbstverständlich hatten verschiedene Abhängigkeiten schon vor der Industrialisierung bestanden; neu an den als Bedrohung des sozialen Status empfundenen Entwicklungen war die Schärfe der Abhängigkeit, die bei den Handwerkern oder den Handel- und Gewerbetreibenden zum Verlust der Existenzgrundlage führen konnte, weil sie weder mit der massenhaften, billigeren Produktion der Industrie, noch den Billigangeboten großer Warenhäuser oder Einzelhandelsketten kon-

---

125 Vor allem in Hinblick auf die Einbeziehung der Angestellten fragte Geiger zu Recht nach dem „Ferment", welches die verschiedenen Gruppen des Mittelstandes zusammenhalten solle (S. 128 f.). Im 20. Jahrhundert sei die Bezeichnung „Mittelstand" ein „Unbegriff" vor allem aufgrund der „Unvergleichbarkeit der Mentalitäten" (S. 128) der diversen Berufsgruppen.

126 Gustav Schmoller: Was verstehen wir unter dem Mittelstand? Verhandlungen des 8. Evangelisch-Sozialen Kongresses, Göttingen 1897, S. 157 f., zit. n. Jürgen Kocka: Klassengesellschaft im Krieg (2. Aufl.), Göttingen 1978, S. 180. Vgl. a. J. Wernicke: Mittelstandsbewegung. In: Handwörterbuch der Staatswissenschaften, 4. Aufl., Bd. 6, Jena 1925, S. 594-602, und Hans Tobis: Das Mittelstandsproblem der Nachkriegszeit und seine statistische Erfassung (Diss. Jur.), Grimmen 1930; kritisch hierzu: Geiger 1932, S. 122-133.

127 Otto Heinrich von der Gablentz: Mittelstand. In: Handwörterbuch der Sozialwissenschaften, Bd. 7, Göttingen 1961, S. 392-395, S. 392.

128 Wernicke 1925, S. 594.

129 Tobis 1930, S. 29.

kurrieren kannten. Für den alten Mittelstand bedeutete dies den drohenden Verlust der Selbständigkeit, den sozialen Abstieg in lohnabhängige Arbeiter- oder Angestelltentätigkeit.

Für die Ärzte stellte sich die Situation anders dar: zwar waren auch die akademischen Ärzte in ihrer Hausarzttätigkeit von ihrer kleinen, zumeist der finanziellen Oberschicht oder dem besser situierten mittelständischen Bürgertum angehörenden Klientel abhängig, was in den zahllosen Litaneien auf die Abhängigkeit von den Kassen nicht erinnert wurde, aber ihre Berufstätigkeit basierte auf einem freien, individuell abgeschlossenen Vertrag, der zum konstitutiven Merkmal, als zum Wesen des Arztberufs gehörig, deklariert wurde. Die Gemeinsamkeit mit anderen Berufsgruppen, die sich als tatsächliche oder vermeintliche „Verlierer des Industrialisierungsprozesses“[130] fühlten, ergebe sich aus der Stellung des Arztes als „Kleingewerbetreibender“,

„als meist selbständiger, manchmal auch Gehilfen beschäftigender kleiner Unternehmer (...), der seine Ware, d.h. körperliche und seelische Aktionen, die auf geistiger Arbeit beruhen, anbietet und verkauft. Dementsprechend wird uns [Ärzten – G.M.] von sozialistischer Seite ein baldiger Untergang wie auch von den anderen Kleingewerbetreibenden vorausgesagt; wir sollen von einem großen Betriebe, sei es dem Staate, sei es den großen Konsumentengenossenschaften, welche Krankenkassen heißen, aufgesaugt werden“.[131]

Die Darstellung des Arztberufes als gewöhnliche Erwerbstätigkeit, d.h. im wesentlichen bestimmt durch das Streben nach Profit unter Hintanstellung aller ethisch-moralischen Prinzipien, konnte unter dem abgehandelten Thema der ärztlichen Ethik nur als ironischer Seitenhieb zu verstehen sein. Die Bezeichnung „Kleingewerbetreibender“ erfasse nur *„die rein äußerliche Seite unserer Berufsarbeit“, wobei gerade die „moralischen Eigenschaften keine Berücksichtigung [finden] (...), ohne die ein Arzt eben nicht Arzt ist“.*[132]

Neben der großen Bedeutung, die dem ärztlichen Pflichtgefühl und seiner ethischen Auffassung seines Berufes in der Ausübung seiner Heiltätigkeit auch heute noch zukommt, bestand eine bis in die Weimarer Zeit tradierte, im 19. Jahrhundert ausgeprägte Vorstellung der engen Verknüpfung von sozialer Herkunft und sittlich hochstehendem Berufsethos als „Standesehre“. Die Herkunft aus ‚höheren Kreisen' sollte eine höhere Berufsauffassung, größere Verantwortungsbereitschaft, ausgeprägtere Sittlichkeit und ideales Pflichtbewußtsein garantieren:

---

[130] Kocka 1978, S. 69.

[131] Kerschensteiner: Die Ethik des Arztes in der heutigen Zeit. Bayerisches Aerztliches Korrespondenzblatt (1923), zit. n. Stauder: Aerztliche Standesehre und Ehrengerichte. In: ÄVBl. Nr. 1314 (11.7.1924), Sp. 229-231, Sp. 229 f.

[132] Ebd., Sp. 230.

„Außerdem ist der Beruf des Arztes ein so schwerer und verantwortungsvoller, daß nicht jeder Beliebige damit betraut werden kann, sondern daß in der Regel solche Leute Ärzte werden, die dem Mittelstand oder den höheren Kreisen der Bevölkerung angehören."[133]

Damit die höhere Berufsauffassung auch weiterhin gewährleistet werde könne, müsse dem einzelnen Arzt die gewohnte bessere Lebenshaltung ermöglicht werden, da *„ein zu niedriges Einkommen das Verantwortlichkeitsgefühl gefährden würde"*[134], präziser formuliert: *„Durch schlechte Honorierung tritt ein Sinken der ärztlichen Kunst ein, sowie eine gewisse Nachlässigkeit und Unlust bei der Behandlung."*[135]

Die Koppelung von hohem, „angemessenem" Lebensstandard und guter ärztlicher Leistung rekurriert auf die vormoderne Traditionslinie des Arztes als Heilkünstler, der aufgrund seines Vermögens sich das Privileg des Universitätsstudiums der ärztlichen Kunst leisten konnte und die Ausübung der Heiltätigkeit nicht als Broterwerb betrachten mußte. Die Bezeichnung „Honorar" in ihrer Bedeutung als freiwillig entrichtete Ehrengabe knüpft ebenso an diese, nicht auf Existenzsicherung ausgerichtete Tätigkeit an. Um 1800 wurde Ärzten, die aus unbegüterten Schichten stammten, unterstellt, daß sie „die ärztliche Kunst als Gewerbe betrachteten"[136]. Denn nur derjenige, der nicht angewiesen sei, *„empfangen zu müssen, sondern unbelästigt von seinem Gut mitzutheilen im Stande ist, der ist zum Erleichtern berufen und willkommen"*.[137]

Die Eignungsvoraussetzung „Wohlstand", ergänzt durch durch Forderung nach umfassender, vor allem sittlicher Bildung, die dem Arzt das Mitleiden und die Mildtätigkeit gegenüber den Kranken erst ermögliche, vollende *„die so schöne und ideale Auffassung des barmherzigen Samariterthums"*[138]. Die Wandlung der heilkünstlerischen Betätigung zu einem Erwerbsberuf, gekennzeichnet u.a. durch ein ver-

---

133 Plaut 1913, S. 56.

134 Ebd.

135 Ebd., S. 166.

136 Ulrich Brand: Ärztliche Ethik im 19. Jahrhundert. Freiburg/Breisgau 1977, S. 101. Die wichtige, materialreiche Arbeit schildert ausführlich die Veränderungen des Arzt-Patienten-Verhältnisses in der Privatarzttätigkeit, geht aber nicht auf die Einführung der Krankenversicherung ein.

137 K. F. H. Marx: Ärztlicher Catechismus. Über die Anforderungen an die Ärzte. Stuttgart 1876, S. 4, zit. n. Brand 1977, S. 101.

138 Oswald Ziemssen: Die Ethik des Arztes als medicinischer Lehrgegenstand. Leipzig 1899, S. 40, zit. n. Brand 1977, S. 101. Um die Wende zum 20. Jahrhundert war das Bild vom Arzt als barmherzigem Samariter von der Entwicklung der Krankenversicherung in der Realität längst überholt worden. Die Versicherung garantierte dem Kranken ein Recht auf ärztliche Behandlung, das an die Stelle „des gnädigen Gewährens auf der einen und der demütigen Hinnahme auf der anderen Seite" getreten war (Alfred Grotjahn: Arzt und Socialpolitik. In: Medicinische Reform, Nr. 28 (12.7.1902), zit. n. Thomann 1985, S. 74).

ändertes Verhältnis zu dem nun entlohnenden Patienten und schärferer Konkurrenz innerhalb der stark anwachsenden Ärzteschaft, war begleitet von medizinisch-naturwissenschaftlichen Fortschritten, die vor allem in der öffentlichen Gesundheitspflege Anwendung fanden. Zum anderen verstärkte sich das Bemühen der sich in Vereinen zusammenschließenden Ärzte um die Regelung ihres kollegialen und standesgemäß-ethischen Verhaltens, das scheinbar nicht mehr als selbstverständlich vorausgesetzt werden konnte.

Vor allem die sichtbaren Erfolge der öffentlichen Gesundheitspflege in der Seuchenbekämpfung, der Hygienifizierung und Sanierung der Großstädte[139] wirkten für das Ansehen „einer erfolgreichen, privat betriebenen Medizin"[140], die hier die moderne Wissenschaftlichkeit mit uneigennütziger Sachlichkeit auf gesellschaftlicher Ebene zum allgemeinen Nutzen verband. Zu Beginn des 20. Jahrhunderts war dann als herrschende Meinung durchgesetzt, daß *„die Ausübung der Heilkunde (...) ihrem inneren und eigenen Wesen nach kein gewerbliches Unternehmen"* darstellt:

„Nach den Sittenanschauungen nicht nur der Ärzte und Rechtsanwälte selbst und nicht nur der sonstigen höher gebildeten Volkskreise und des gesamten deutschen Volkes stehen die allgemeinen Interessen des volksdienenden Berufes des Arztes und des Rechtsanwaltes über dem Niveau einer geldlichen Erwerbstätigkeit (...) Das eigentliche entscheidende Gepräge liegt darin, daß sie fundamentale, allgemeine, öffentliche Zwecke, nämlich die der Gesundheitspflege und Rechtspflege, auf Grund staatsseitig geforderter und gewährleisteter wissenschaftlicher Vorbildung und besonderer Verantwortung zu erfüllen haben. Die Honorierung der Berufstätigkeit des Arztes und Rechtsanwalts tut dem innersten Kern keinen Abbruch. Auch die höchste geistige Leistung darf ihren Lohn finden."[141]

Das konstatierte Desinteresse an materiellen Dingen und die Notwendigkeit, den Beruf als „freien", im wesentlichen nur durch die ärztliche Ethik regulierten, zu betreiben[142], sollte in wirtschaftlich schwierigen Zeiten den Staat dazu bewegen,

---

139 Ausführlich hierzu die Kapitel I bis III (S. 1-196) bei Alfons Labisch/Florian Tennstedt: Der Weg zum „Gesetz über die Vereinheitlichung des Gesundheitswesens" vom 3. Juli 1934. Teil 1: Entwicklungslinien und -momente des staatlichen und kommunalen Gesundheitswesens in Deutschland. Düsseldorf 1985.

140 Göckenjan 1985, S. S. 325.

141 Urteil des 3. Zivilsenats des Reichsgerichts vom 11.6.1907, zit. n. Ludwig Ebermayer: Die Reichsärzteordnung. In: DÄBl. Nr. 25 (1.9.1931, Sonderheft Ärztetag), S. 14-18, S. 14.

142 Diese beiden Merkmale stehen auch in der Gegenwart noch im Zentrum verbandspolitischer Argumentation, vgl. z.B. Jachertz 1983, S. 54, der für die Ärzte feststellt, daß man „mit dem schnöden Mammon nichts zu tun haben" wolle. Der damalige Vorsitzende des Hartmannbundes stilisierte 1975 gar die „duale" Arzt-Patienten-Beziehung als „zu den Voraussetzungen und Bedingungen einer freiheitlichen Ordnung" gehörig. Desgleichen müsse die Freiheit der Berufsausübung gewährleistet sein, „denn nur in Freiheit leistet der Arzt uneingeschränkt und umfassend die Hingabe an seine medizinische Aufgabe" (Horst Bourmer:

in Auseinandersetzungen mit den Kassen oder in der Kurpfuscherfrage zugunsten der Ärzte zu intervenieren.

Die Bedeutung des Ärztestandes als „von der Welt gepriesenen Faktor[s] nationaler Kultur"[143] zu erhalten, sei auf dem Wege der Verbeamtung der Ärzte unmöglich. Die Stellung als Beamter böte zwar Schutz vor unqualifizierter Konkurrenz und Sicherung einer ausreichenden Existenzgrundlage, sei aber aufgrund der dem Arztberuf wesensfremden Abhängigkeit scharf abzulehnen. Die Vorstellung der heilkünstlerischen Betätigung lebte fort in der Forderung einer Stellung des Arztes „zwischen den Klassen":

„Das Wirken des Arztes kann aber nur fruchtbar sein für Volk und Volksgesundheit, wenn der freie Beruf all der Ärzte, die nicht Beamte um ihres Berufes willen sein können, gesichert ist und ihn vor der Proletarisierung bewahrt. Wenn der echte Arzt, der allen Klassen der Bevölkerung, dem Beamten, dem Geschäftsmann, dem Angestellten und Arbeiter dienen soll, weder Geschäftsmann, noch Beamter, noch Proletarier werden darf, dann bedarf er ‚einer öffentlichen Stellung zwischen den Klassen'."[144]

In der „Erkenntnis vom Wesen wahren Arztseins"[145] hatten sich in der Weimarer Republik auch die sozialdemokratischen Ärzte, deren Partei die Lösung der Arztfrage seit den 90er Jahren des 19. Jahrhunderts auf dem Wege der Sozialisierung und der Verbeamtung gesehen hatte, hinter die Forderungen der Ärzteverbände gestellt. Diese verlangten unter Beibehaltung der vorteilhaften Regelungen der Gewerbeordnung (freier Beruf, Freiwilligkeit der Hilfeleistung, freie Honorarvereinbarung) die Aufhebung der Unterstellung unter die Gewerbeordnung und die Erstellung einer Reichsärzteordnung.[146] In der argumentativen Zurückweisung der sozialdemokratischen Forderungen wurde die ‚neutrale' gesellschaftliche Mittelposition „zwischen den Klassen" zusätzlich untermauert durch die

---

Zur Einführung. Gedanken zum Selbstverständnis des Arztes am 75. Jahrestag des Hartmannbundes. In: Schadewaldt 1975, S. 6-12, S. 7).

143 Strube: Ueber das Wesen des Arzttums. In: ÄVBl. Nr. 1381 (21.5.1926), Sp. 208.

144 Stauder: Eröffnungsrede zum Ärztetag 1930. In: DÄBl. Nr. 25 (Sonderheft Ärztetag, 1.9.1930), S. 1-9, S, 6. Er zitiert aus den „lichtvollen Ausführungen" Professor Kessler „Arzt und Arbeiter".

145 Stauder: Zur Schaffung einer deutschen Aerzteordnung. In: ÄVBl. Nr. 1389 (Sonderheft Ärztetag, 11.8.1926), S. 8-17, S. 15.

146 Begründungen der Notwendigkeit einer „reichsgesetzlichen Regelung" sind ausführlich im Protokoll des 45. Deutschen Ärztetages 1926 in den Referaten von Stauder und Richter wie auch in der anschließenden Diskussion zu finden (s.o., Anm. 145). Die in den folgenden Jahren erarbeiteten Umrisse einer Reichsärzteordnung sind im Protokoll des 50. Ärztetages 1931 wiedergegeben (DÄBl. Nr. 25, Sonderheft Ärztetag, 1.9.1931; Referate von Stauder und Ebermayer, S 14-31).

vermeintlich „parteilose", weil auf sachlicher Wissenschaft beruhende Berufstätigkeit:

„Dieser programmatischen Festlegung der Vergesellschaftung des Heilberufes steht im Wege, daß ein auf wissenschaftlichen Forschungen beruhender praktischer Beruf niemals auf dem Wege der Politik, sei es einer Partei oder einer Regierungsmehrheit, neuorganisiert werden kann, ohne die Höhe zu verlieren, auf der er steht. Arzttum ist wie jede Wissenschaft parteilos."[147]

2.1.1. Soziale Herkunft von Ärzten und Medizinstudierenden der Weimarer Republik

Die ärztlichen Standes-Chronisten der Weimarer Republik ebenso wie die zeitgenössischen Autoren des „Deutschen Ärzteblattes" oder des „Marburger Bundes" widmen der sozialen Herkunft der Ärzte bzw. der Medizinstudenten und -studentinnen nur wenig Aufmerksamkeit. Die Jahrgänge 1919-1932 der Zeitung des Ärztevereinsbundes enthalten einen einzigen Aufsatz zu dem Themenbereich, der zudem von einem Nicht-Mediziner verfaßt wurde.[148] Aber auch medizinhistorische oder verbandsgeschichtliche Arbeiten neueren Datums bezeugen auffälliges Desinteresse an der Frage der sozialen Rekrutierung der Professionsmitglieder[149], so daß man darüber spekulieren kann, ob es sich um interessiertes Schweigen oder um Geringschätzung der Bedeutung der Herkunft für den Arztberuf handelt.[150]

Die soziale Zusammensetzung einer Berufsgruppe, die Konstanz oder Veränderungen ihres Sozialprofils durch Zuwachs an sozialen Aufsteigern oder Tendenzen der verstärkten sozialen Exklusivität stellen „einen Erklärungsfaktor für die

---

[147] Stauder 1926 (s.o., Anm. 145), S. 16, Herv. im Original.

[148] Es handelt es sich um den Beitrag des Statistik-Professors Leopold Karl Goetz: Soziale Herkunft von Aerzten, soziales Ziel von Arztsöhnen und -töchtern. In: DÄBl., Nr. 24 (21.8.1930), S. 309-311. Später dagegen betonte der ständige Mitarbeiter des Hartmannbundes, Dr. rer. pol. Julius Hadrich, daß die soziale Herkunft der Medizinstudierenden aufgrund „der Bedeutung des Ärztestandes für die Volksgesundheit und Rassenhygiene von großer Bedeutung" sei (Die soziale Herkunft der Medizinstudierenden. In: DÄBl. Nr. 50 (14.12.1935, S. 1212).

[149] S. beispielsweise Schadewaldt 1975 oder Gelsner 1985; für beide ist das Thema nicht der Rede wert, aber auch in kritischen Arbeiten zu Geschichte und Politik der Ärzteverbände findet es kaum Erwähnung (z.B. Güse/Schmacke 1976 oder in den Beiträgen des Gesundheitstages 1980). Eine Ausnahme stellt lediglich Rauskolb 1976 dar, die die Rekrutierung der Ärzteschaft in der BRD der 1950er Jahre anspricht (S. 90-92).

[150] Je nach Untersuchungsergebnissen könnte sich für Verbandspolitiker z.B. im demokratisch verfaßten Staatswesen das Problem einer Begründung eines überdurchschnittlichen Anteiles der „Berufsvererbung" unter den Ärzten oder besonderer, auf Ausschluß spezifischer Studentengruppen zielender Abschottungsmaßnahmen ergeben.

Analyse des Selbstverständnisses der Berufsangehörigen"[151] dar. Gleichzeitig ermöglicht die Feststellung der sozialen Herkunft auch eine differenziertere Beurteilung der Interessenpolitik, indem möglicherweise hinter einem geschlossen auftretenden Berufsverband Untergruppen mit verschiedener Interessenlage ausgemacht werden können. Für eine so fest organisierte, stark von traditionellen Leitbildern geprägte und völlig homogen auftretende Berufsgruppe wie den Ärztestand stellt sich die Frage, ob diesem homogenen Erscheinungsbild auch eine homogene soziale Zusammensetzung entspricht, in besonderem Maße.

Abb. 3: Studentinnen der Friedrich-Wilhelm-Universität Berlin bei einem feierlichen Umzug (1928)

Während für die Studenten und Studentinnen der Weimarer Republik die „Deutsche Hochschulstatistik" umfangreiche Angaben nicht nur zu zahlenmäßiger Stärke, Verteilung auf Studienfächer etc. enthält, sondern auch über Herkunft und soziale Situation während des Studiums[152] informiert, liegt zur Herkunft der Ärzte und medizinischen Hochschullehrer in den 1920er Jahren wenig statistisches Material vor. Die wichtigste Quelle stellt hierzu eine Untersuchung im

[151] Huerkamp 1985, S. 60. Vgl. a. das gesamte Kapitel III: Herkunft und Ausbildung der akademischen Ärzte (S. 60-118).

[152] Die Deutsche Hochschulstatistik führt beispielsweise neben dem jeweiligen Prozentanteil der durch Stipendien o.ä. geförderten Studierenden auch auf, wieviele Studenten und Studentinnen in den Semesterferien oder auch während des Semesters einer Erwerbsarbeit nachgehen mußten, ob diese Arbeit völlig fachfremd war oder nicht, auf welche Studienfächer sich diese verteilten usw.

Auftrag des Bayerischen Statistischen Landesamtes zur sozialen Mobilität in Deutschland dar, auf der auch Ergebnisse des bereits erwähnten Beitrag von Goetz im Ärzteblatt 1930 fußen.[153] Die von Goetz als „kulturell besonders interessante statistische Untersuchung"[154] eingeführte Studie bezog sich auf zweihundert Vertreter der „Berufsklasse der Aerzte einschließlich Militärärzte, Zahnärzte, Tierärzte, Apotheker"[155]. Die ermittelten Berufe der Väter dieser Gruppe wurden drei Gesellschaftsschichten zugeordnet: der „geistigen Oberschicht", zu der neben Ärzten und anderen akademischen freien Berufen die künstlerisch Tätigen und die höheren Beamten gerechnet wurden, einer „wirtschaftlichen Oberschicht", die sich aus Großindustriellen, Großhändlern und leitenden Angestellten (Syndici, Prokuristen, Direktoren) zusammensetzte und schließlich der „mittleren und unteren Schichten des Volkes", die die Berufe vom Dienstboten über Arbeiter, Gesellen und Tagelöhner bis zum Lehrer ohne akademische Ausbildung umfaßte. Für die soziale Herkunft der Ärzte ergebe sich hieraus folgendes Bild:

„Etwas über vier Zehntel der dieser Untersuchung unterworfenen Aerzte usw. entspringen nach dem Beruf ihrer Väter der geistigen Oberschicht des Volkes; über dreiundeinhalb Zehntel dieser Aerzte usw. haben zu Vätern Angehörige der wirtschaftlichen Oberschicht des Volkes; bei fast einem Viertel der statistisch erfaßten Aerzte usw. gehören die Väter zu den mittleren und unteren Schichten des Volkes."[156]

In ein anderes, realistisches Drei-Schichten-Modell[157] übertragen, würde dieses Ergebnis eine Dominanz der aus der „geistigen" oder „wirtschaftlichen Oberschicht" stammenden Ärzte von 76 Prozent gegenüber 21,5 Prozent aus den mittleren

---

[153] Goetz (vgl. Anm. 148) referierte die Ergebnisse der von Josef Nothaas erarbeiteten Studie „Sozialer Auf- und Abstieg im Deutschen Volk. Statistische Methoden und Ergebnisse", hg. v. Bayerischen Statistischen Landesamt, München 1930 (= H. 117 der Beiträge zur Statistik Bayerns).

[154] Goetz 1930, S. 309.

[155] Ebd., dort durch Sperrung hervorgehoben

[156] Ebd.; vgl. die tabellarische Darstellung dieses Ergebnisses findet sich auf der folgenden Seite. Eine Gegenüberstellung der sozialen Herkunft von Geistlichen, Ärzten und Rechtsanwälten auf der gleichen Basis stellt Tabelle 1 im Anhang dar.

[157] Als Modell ist eine dreistufige gesellschaftliche Gliederung in Ober-, Mittel- und Unterschicht durchaus brauchbar, da über die Zuordnung einzelner Berufe zu einzelnen Schichten eine Vergleichbarkeit der Aussagen über die soziale Herkunft am ehesten ermöglicht werden kann. Zum Problem der Berufszuordnung vgl. Hartmut Kaelble: Soziale Mobilität in Deutschland, 1900-1960; in: Kaelble u.a., Probleme der Modernisierung in Deutschland. Opladen 1978, S. 235-327, besonders S. 237-244. Schicht A wird gebildet von der „geistigen" und „wirtschaftlichen Oberschicht" (zugeordnete Berufe s.o.), Schicht B faßt „alten" und „neuen" Mittelstand ohne Berufe mit akademischer Ausbildung zusammen, also mittlere Beamte und Angestellte, Handwerker, Handel- und Gewerbetreibende und mittlere und Kleinlandwirte. Untere Beamte und Arbeiter bilden Schicht C.

Schichten und 2,5 Prozent aus den unteren Schichten stammenden Ärzten ergeben.

Tabelle I: Soziale Herkunft von Ärzten[158]) nach Väterberufen um 1930

Beruf	Prozent
Ärzte/Apotheker	15,0
Öffentliche Beamte mit akademischer Ausbildung	12,0
Geistliche	4,0
Gelehrte / Hochschullehrer	3,0
Ingenieure / Techniker / Architekten / Sachverständige	3,0
Lehrer mit akademischer Ausbildung	2,5
Offiziere / Adel	2,0
Rechtsanwälte / Notare	1,5
„Geistige Oberschicht"	40,5
Großhändler (Verleger/Kaufleute/Bankiers)	19,5
Großindustrielle	7,0
Großgrundbesitzer	5,0
Direktoren / Leitenden Angestellte	2,5
Rentiers	1,0
„Wirtschaftliche Oberschicht"	35,5
Handel- und Gewerbetreibende	9,0
Mittlere öffentliche Beamte	7,0
Lehrer ohne akademische Ausbildung	3,5
Arbeiter	2,0
Handwerksmeister	1,5
Selbständige Landwirte	0,5
Untere öffentliche Beamte	0,5
„Mittlere und untere Schichten des Volkes	24,0
	100,0

Quelle: Leopold Karl Goetz, Soziale Herkunft von Aerzten, soziales Ziel von Arztsöhnen und -töchtern. In: DÄBl. Nr. 24 (21.8.1930), S. 309-311, S. 309 f. Vgl. a Nothaas 1930, S. 130, der die Herkunft der gesamten zeitgenössischen „geistigen Oberschicht" tabellarisch zusammenfaßt.

Die Aussage einer derart dominanten Rekrutierung aus der Oberschicht galt 1930 vermutlich auch für die relativ exklusive medizinische Berufslaufbahn – lange Studiendauer, zahlreiche selbst anzuschaffende Lehrmittel und nicht zu-

[158] Diese Angaben beziehen sich auf die in der Biographiensammlung „Unsere Zeitgenossen. Wer ist's?" von Hermann Degener aufgeführten Ärzte (VIII. Ausgabe, Leipzig 1922), d.h. Ärzte, die z.B. als Reichstags- oder Landtagsabgeordnete, Hochschullehrer oder auch Verbandspolitiker im öffentlichen Leben standen. Goetz verallgemeinerte die Nothaas'schen Daten.

letzt aufgrund der geforderten Lateinkenntnisse – nicht mehr generell für *die Ärzte*.[159] Der Urheber der bei Goetz referierten Untersuchungsergebnisse hatte seine Aussagen über die soziale Herkunft der Ärzte bereits selbst dahingehend eingeschränkt, dass die im Degener aufgeführten Zeitgenossen „eine besonders qualifizierte Gruppe innerhalb der geistigen Oberschicht" darstellten und deshalb „nicht als in allem repräsentativ für die gesamte Schicht" betrachtet werden könnten.[160]

Wahrscheinlich ist diese soziale Zusammensetzung aber für einen Teil des Ärztestandes, der sich sowohl im öffentlichen Leben, z.B. als Reichstags- oder Landtagsabgeordneter, als medizinischer Sachverständiger oder Hochschullehrer, als auch in der ärztlichen Verbandspolitik betätigte. Bei diesen Ärzten handelte es sich in der Regel um ältere, verdiente Kollegen, die ihre wissenschaftliche Ausbildung vor dem Ersten Weltkrieg, oft sogar vor der Jahrhundertwende absolviert hatten und im ersten Jahrzehnt des 20. Jahrhunderts ihre gesellschaftliche Stellung ausgebaut hatten. Das Beispiel des Geschäftsausschusses des Ärztevereinsbundes belegt diese Annahme: das durchschnittliche Alter eines Mitgliedes des Geschäftsausschusses im Jahr 1919 lag bei 61,1 Jahren, wobei der jüngste Kandidat, der 1870 geborene *Karl Franz*, und das älteste Mitglied, der 91jährige Medizinalrat *Heinrich Rehm*, nicht einbezogen wurden.[161] Zehn Jahre später, 1929, hatte sich der Altersdurchschnitt um gut vier Jahre auf 56,9 verjüngt, wobei allerdings zu berücksichtigen ist, daß sich diese Angabe nur auf die Hälfte der Ge-

---

159 Detaillierte Aussagen sind leider derzeit nicht möglich. Was aber in erster Linie gegen die überaus starke Herkunft aus den oberen sozialen Schichten spricht, ist m.E. die Tatsache, daß seit ungefähr 1850 – parallel zum starken Gesamtzuwachs der Studenten – eine relative Öffnung der Hochschulen stattgefunden hat. Der Anteil der Akademikersöhne an den Studenten sank kontinuierlich, und zwar in dem Maße, daß er nicht von den anwachsenden Studentenzahlen aus der wirtschaftlichen Oberschicht aufgefangen werden konnte, sondern eine Öffnung in Richtung „nichtakademische öffentliche und niedere wirtschaftliche Berufe" (Nothaas 1930, S. 32) erfolgte. Trotz aller regionalen Unterschiede und unterschiedlicher statistischer Methoden scheint sich diese Tendenz zu bestätigen, vgl. Nothaas 1930, S. 31 ff., sowie Huerkamp 1985, S. 68 (s. auch unten, Tabelle 2; Soziale Herkunft der Medizinstudenten 1852-1891).

160 Nothaas 1930, S. 40.

161 Vgl. Tabelle 3 im Anhang, die die Geburtsdaten von G.A.-Mitgliedern und wichtiger ärztlicher Autoren bzw. Referenten der Ärztetage aufführt. Für 1919 konnte das Geburtsdatum von 12 der 19 Ausschußmitglieder ermittelt werden (u.a. nach Degener 1922, aber auch aus den Würdigungen anläßlich von Geburts- und anderen Jahrestagen wie Promotionsjubiläen oder Nekrologen). Wahrscheinlich lag der Altersdurchschnitt 1919 etwas höher, denn allein drei der biographisch nicht erfaßten Mitglieder (25 Prozent) sind schon auf der vier Jahre später stattfindenden Jubiläumstagung zum 50jährigen Bestehen des Ärztevereinsbundes nicht mehr unter den Teilnehmern.

schäftsausschussmitglieder bezog.[162] Die altersmäßige Gliederung der Standespolitiker wie auch der sich zahlreich in Beiträgen zur ärztlichen Standespolitik im Ärzteblatt äußernden Kollegen deckt sich weitgehend mit der bei *Degener* kurzportraitierten „Zeitgenossen“:

„Weiter darf nicht übersehen werden, daß bei den ‚Zeitgenossen' überwiegend Personen in Frage kommen, deren Aufstieg bereits in der Vorkriegs- und Kriegszeit mehr oder minder abgeschlossen war, so daß die Erhebung [Degeners – G.M.] weniger die heutigen als die vorkriegs- und kriegszeitlichen Aufstiegsverhältnisse illustrierte.“[163]

Auch wenn sie selbst diese Bezeichnung für sich ablehnten, gehörten diese materiell gutsituierten, sich ihres hohen Sozialprestiges bewußten Ärzte zu den „beati possidentes“[164], die keineswegs bereit waren, ihren erreichten Sozialstatus in Frage stellen zu lassen. Was Martin *Doerry* für das wilhelminische Bürgertum feststellte, daß ihm „der althergebracht kostspielige Lebensstil so selbstverständlich“ war[165], galt für diesen Teil des Ärztestandes ebenso: Man beklagte sich über die „gegenwärtig schlechten Lebensbedingungen innerhalb unseres Standes“[166] und

---

162 Eine mögliche Erklärung für die noch dürftigere Quellenlage wäre die Zunahme hauptberuflicher Standespolitiker, also angestellter Funktionäre der Ärzteverbände, die ihre Praxis zugunsten der Verbandstätigkeit aufgegeben hatten wie z.B. Alfons *Stauder* (ab 1926 Vorsitzender des DÄVb). Falls diese Ärzte sich weder (partei-) politisch (wie z.B. *Hellpach* bei der DDP), noch wissenschaftlich (wie z.B. der Chirurg *Sauerbruch*) profiliert hatten, wären sie weder in Kürschners Gelehrtenkalender, noch im Degener finden; auch für die Darstellungen der ärztlichen Standeschronisten wäre deren Biographie nicht von Interesse gewesen.

163 Nothaas 1930, S. 55. Nothaas wollte die soziale Mobilität der Gesellschaft der Weimarer Republik untersuchen und wurde mangels besserer Quellen für die Angehörigen der Oberschicht auf Degeners Biographiensammlung zurückverwiesen; daher die kritische Würdigung der dort aufgeführten ‚Zeitgenossen'.

164 Fett: Redebeitrag zu „Die Notlage der ärztlichen Jugend“ (Ärztetag 1927, ÄVBl. Nr. 1432 (Sonderheft, Ärztetag, 21.10.1927), S. 27 f., S. 27.

165 Martin Doerry: Übergangsmenschen. Die Mentalität der Wilhelminer und die Krise des Kaiserreichs. Weinheim, München 1986, S. 157. Doerrys Arbeit stützt sich auf ca. 500 Biographien, von denen er exemplarisch sieben Lebensläufe nicht prominenter Personen herausgreift und detailliert vorstellt. Nach seiner Eingrenzung des wilhelminischen „Übergangsmenschen“ als ungefähr zwischen 1850 und 1865 geborene Person, die sich durch spezifische Haltung zu Autorität, Aggressivität, Assimilation und Harmonie auszeichnet (vgl. die Übersicht S. 176), fallen von den ärztlichen Standespolitikern, Hochschullehrern und Autoren des Ärzteblattes in der Weimarer Republik noch ca. ein Drittel in diese Kategorie. Allerdings vollzog sich um 1925/26 – zum Ausdruck kommend auch im Rücktritt des bisherigen Vorsitzenden, des Geheimen Sanitätsrats Hugo *Dippe* (geb. 1855) – ein Generationswechsel in der Führung des Ärztestandes. *Dippes* Nachfolger Alfons Stauder (geb. 1878) schien ihm als Jüngerer besser geeignet „für das, was jetzt kommt“ (Dippe: Weshalb ich zurückgetreten bin. In: ÄVBl. Nr. 1393 (21.9.1926), Sp. 386 f., Sp. 386).

166 Liefmann: Der Arzt als Erzieher. In: ÄVbl. Nr. 1352 (21.7.1925), Sp. 317-320, Sp. 317.

„dediziert“ einem Kollegen für eine Halsbehandlung „einen prachtvollen Hummer“[167] als angemessenes Honorar.

Diese Selbstverständlichkeit der „besseren Lebenshaltung“ wurde nach dem Ersten Weltkrieg aber vehement in Frage gestellt, und das nicht von Sozialdemokraten – deren Vorstellungen über die „Sozialisierung“ der Ärzte waren bekannt und konnten bisher erfolgreich zurückgewiesen werden – sondern von der Nachfolgegeneration der „Jungärzte“ und Medizinstudierenden. Die junge Generation, d.h. die um 1890 bis 1905 geborenen Mediziner, von denen die älteren den Krieg in den Schützengräben selbst miterlebt hatten, traten in der Weimarer Republik zahlenmäßig als Masse potentieller ärztlicher Konkurrenten auf, die die arrivierten Kollegen als „Ueberflutung des ärztlichen Standes“[168] registrierten.

Ein Teil der sog. „Jungärzte“ war im Krieg nach einem verkürzten Medizinstudium notapprobiert worden, da die kriegsbedingte Nachfrage nach qualifiziertem medizinischem Personal trotz der seit 1907/08 „wieder steigenden Zahl jährlicher Approbationen“[169] nicht gedeckt werden konnte. Nach Beendigung des Krieges drängten diese auf den ärztlichen Arbeitsmarkt und verschärften den Konkurrenzdruck. Ein Gegensatz zwischen alten und jungen Ärzten entstand, wobei die älteren Ärzte, die im Kaiserreich als *„Eldorado der sogenannten freien Berufe“* ihren Beruf *„oft in rücksichtsloser – man würde heute sagen, unsozialer – Weise“*[170] hatten ausüben können, sich bitteren Klagen und schärfsten Angriffen wegen

---

[167] Bier: Unentgeltliche Behandlung von Kollegen. In: ÄVBl. Nr. 1342 (21.4.1925), Sp. 179 f., Sp. 179. Überweisungen von wohlhabenden Patienten konnten auch als Entschädigung für kollegiale Bemühungen gelten: „Ein zweiter Dresdner Chirurg, der mich an einem Panaritium behandelt hatte, erhielt zum Dank eine Herniotomie eines reichen Bauernsohnes überwiesen“ (ebd.).

[168] Arthur Hartmann: Wie könnte der Ueberflutung des ärztlichen Standes am sichersten abgeholfen werden? In: ÄVBl. Nr. 1333 (21.1.1925), Sp. 39 f., Sp. 40. Zur Gesamtzahl der Studierenden und der Medizinstudierenden vgl. Anhang, Tabellen 4 und 5.

[169] Huerkamp 1985, S. 118. Zu Bildungsexpansion und „Überfüllungskrisen“ in den akademischen Berufen im 19. und 20. Jahrhundert vgl. Konrad H. Jarausch (ed.): The Transformation of Higher Learning 1860-1930. Stuttgart 1983, darin besonders den Beitrag von Hartmut Titze: Enrollment, Expansion and Academic Overcrowding in Germany, (S. 57-88). Vgl. a. Tietze, Die zyklische Überproduktion von Akademikern im 19. und 20. Jahrhundert. In: GG 10 (1984), S. 92-121, Michael H. Kater: Professionalization and Socialization of Physicians in Wilhelmine and Weimar Germany. In: Journal of Contemporary History 20 (1985), S. 677-701 und Jarausch: Deutsche Studenten 1800-1970. Frankfurt/Main 1984 (Kap. III: Die Gebildeten in der Dauerkrise 1918-1932, S. 117-163).

[170] Matzdorff: Die Entwicklung unseres Standes. Ein Programm. In: ÄVBl. Nr. 1277 (9.3.1923), Sp. 51-53, Sp. 51. Als Beweis für den prinzipiellen Erfolg des auf individueller Leistungsfähigkeit basierenden wirtschaftsliberalen Konzeptes führte er die Entwicklung der Industrie durch „Einzelpersönlichkeiten (Borsig, Siemens, Zeiss usw.)“ an (ebd.).

ihrer „himmelschreiende[n] Lieblosigkeiten" gegenüber den Jungärzten ausgesetzt sahen.

Fritz *Lejeune*, der Vorsitzende der „Reichsnotgemeinschaft der ärztlichen Jugend", brachte die Verbitterung, aber auch die Aggressivität der jungen Ärzte auf dem Ärztetag 1927 deutlich zum Ausdruck:

„Ich sage[,] ältere oder jüngere Leute, ganz egal, die in Not befindliche Kollegen lieblos behandeln, haben von der Bildfläche zu verschwinden, weil sie Schädlinge an der Allgemeinheit sind. (Sehr richtig!) Die ungleiche Behandlung, der Gegensatz zwischen alt und jung ist nie schlimmer gewesen als heute (...) Wenn sie in einer ärztlichen Zeitung, in dem Organ einer Aerztekammer lesen, dass der junge Nachwuchs, die Leute unter vierzig Jahren, die Leute, die im Kriege waren und im Schützengraben, dass diese Leute nicht würdig wären, in der Aerztekammer zu sitzen, weil dort nur ältere Leute sitzen dürften, dann muss man sagen, dann haben diese Leute kein Verständnis dafür."[171]

An dieser Stelle des *Lejeune*schen Redebeitrags verzeichnete das Protokoll „Große Unruhe" unter den Delegierten des Ärztetages; letztlich wurde aber die Einmütigkeit doch wieder hergestellt, indem *Lejeune* auch für eine Gruppe unter den älteren Ärzten Verständnis zeigte, denen es ebenso schlecht gehe wie den Jungen: den „Vertriebenen aus den Kolonien" nämlich, die *„durch die Wucht des sogenannten Versailler Vertrages brotlos geworden sind"*.[172] Für alle Ärzte gelte, daß die „seelische Einheit" wieder hergestellt werden müsse, um die „gemeinsame Not" gemeinsam zu bekämpfen:

„Wir wollen den Platz an der Sonne, der den Jungen zukommt (...) Die Jugend will mit Ihnen gehen, weil sie Ihre Erfahrungen braucht, aber ebenso Gleichberechtigung in dem Sinne, wie sie schließlich in einem freien Beruf notwendig ist; und frei wollen wir schließlich in letzter Linie in ihm sein; auch haben wir Wichtigeres zu tun, als uns gegenseitig aufzureiben und uns in inneren Kämpfen zu zermürben. Wir wollen, dass im freien Reich eines Tages auch wieder der freie Beruf sei. (Bravo! Klatschen.)."[173]

Dieser organisierte Teil der Jungärzte befand sich also nicht in prinzipieller Opposition zur Standespolitik, sondern versuchte, die eigenen Interessen den älteren und einflußreicheren Kollegen zur Mit-Vertretung ins Gedächtnis zu rufen. Die gemeinsame nationale Gesinnung und die Trauer über den „Schandfrieden" beförderte dieses Ansinnen sicherlich, wenn auch einer der alten Ärzte unter großem Beifall der Anwesenden sich den „Ton" verbat, in dem die Klagen

[171] Lejeune: Redebeitrag zu „Die Notlage der ärztlichen Jugend". In: ÄVBl. Nr. 1432 (Sonderheft Ärztetag, 21.10.1927), S. 26 f., S. 27.
[172] Ebd., S. 26.
[173] Ebd., S. 27.

geführt wurden: Als „alte akademisch erzogene Personen“ könnten sie zum mindesten verlangen, meinte der Kollege *Fett* aus Friesland, „daß Jugend Takt und Einsicht besitzt“.[174] Diese Rüge und der Appell an das gute Benehmen zeigte, daß man das Aufbegehren lediglich für jugendlichen Übermut hielt, den man wieder in die richtigen, standestreuen Bahnen lenken zu können glaubte.

Ernsthafte Bedrohung ihrer Stellung erwarteten die gut situierten Ärzte von einem entstehenden „akademischen Proletariat“[175]. Der Begriff wurde doppeldeutig verwendet: Zum einen bezog er sich auf die aus einer „Überfüllung“ der akademischen Berufe resultierende schlechte Arbeitsmarktlage mit potentieller Arbeitslosigkeit, verstärkter Konkurrenz und Gefahr der preislichen Unterbietung, zum anderen bezeichnete er, anknüpfend an die politischen Implikationen von „Proletariat“ die Furcht vor dem „Umsturz“. Besonders anfällig für den Gedanken seien die Studierenden aus den unteren Schichten, die sich mühsam den Zugang zum Studium erkämpfen mussten, um dann doch wieder am Ausgangspunkt anzukommen. „Tragisch“ sei dieser Sachverhalt, stellte *Reichert* auf dem Ärztetag 1930 fest, und schlug vor, dass der Staat überprüfen solle, *„ob er leichtfertig dem Tüchtigen diese freie Bahn immer wieder versprechen solle“.*[176] Wahrhaft unsozial sei es, *„wenn man aus dem ungesicherten Dasein, aus dem Proletariat, durch die Erleichterungen des Stipendienwesens, durch das Schaffen immer neuer Assistenzarztstellen einen Menschen aus den Arbeiterschichten herausreißt, ihm jahrelang ein besseres Los vorgaukelt, ihn gewissermaßen mit allen möglichen Mitteln hinaufhebt, um ihn dann um so tiefer stürzen zu lassen, um ihm dann den Zwang aufzuerlegen, wieder hinabzusteigen in das ungesicherte Dasein, in das Proletariat“.*[177]

Die Aufforderung an den Staat, die Schaffung zusätzlicher Stellen und die Praxis der Stipendienvergabe zu überdenken – tatsächlich kamen nur ca. 3 Prozent der Studierenden in den Genuß einer umfangreicheren, staatlichen Unterstützung[178] – bezog sich vermutlich auf den Artikel 146 der Weimarer Verfassung, der als Ziel benannte, in Bildung und Schule die „plutokratische Auslese zu beseitigen“.[179] Für die Aufnahme eines Kindes in eine bestimmte Schule sollte in erster Linie „Anlage und Neigung“ maßgebend sein, nicht aber die wirtschaftliche oder

174 Fett: Redebeitrag zu „Die Notlage der ärztlichen Jugend“. In: ÄVBl. Nr. 1432 (Sonderheft Ärztetag, 21.10.1927), S. 27 f., S. 28.

175 Titze 1984, S. 92. Er weist darauf hin, daß dieses „Gespenst“ „seit mindestens 150 Jahren die akademischen Kreise periodisch heimsucht“.

176 Reichert: Redebeitrag zu „Die Reform der ärztliche Prüfungsordnung“. In: DÄbl. Nr. 25 (Sonderheft Ärztetag, 1.3.1930), S. 79 f.; S. 80.

177 Ebd., S. 79.

178 Vgl. hierzu Jarausch 1984, S. 142 ff. Er erläutert einzelne soziale Maßnahmen wie Erlaß von Kolleggeldern, Freitischen in den Mensen u.ä., sowie deren ungefähre prozentuale Verteilung.

179 Ludwig Heyde: Abriß der Sozialpolitik (3. und 4. Aufl.), Leipzig 1923, S. 92.

gesellschaftliche Stellung der Eltern. Für nicht Wohlhabende seien öffentliche Mittel bereitzustellen, die den Kindern den Zugang zu mittleren und höheren Schulen und den erfolgreichen Abschluss ermöglichen sollten. Im Hintergrund stehe die soziale Idee, *„daß die Entwicklung des Menschen nicht durch seine materielle Lage von vornherein unabänderlich prädestiniert sein soll"*.[180]

So sehr man dieses verfassungsmäßig garantierte Recht auf freie Schulwahl und finanzielle Unterstützung während der Ausbildung auch begrüßen mag[181], die sozial exklusiven Karrieren der Rechts- und Staatswissenschaft und der Medizin blieben weiterhin vergleichsweise exklusiv. Die tabellarische Übersicht auf der folgenden Seite (Tabelle II) verdeutlicht dies: Im Vergleich zur sozialen Herkunft der Studierenden aus allen Fakultäten abzüglich der Medizin weisen die Medizinstudierenden 1930/31 den höchsten Anteil von Väterberufen der „geistigen und wirtschaftlichen Oberschicht" und den niedrigsten Anteil von Väterberufen der mittleren Schichten und der Unterschicht auf. Bemerkenswert ist hierbei, daß die zukünftigen Ärzte in ihrer sozialen Exklusivität selbst die Studierenden der rechts- und staatswissenschaftlichen Fakultät übertrafen.[182]

Das auffälligste Ergebnis dieser Gegenüberstellung liegt aber in dem großen sozialen Gefälle zwischen den Ärzten der Nothaas'schen Statistik und den Medizinstudierenden zu Beginn der 1930er Jahre. Der Anteil der Studierenden aus den unteren Schichten blieb vom Ende des 19. Jahrhunderts bis in die Weimarer Republik konstant, während sich die Zahl der aus den mittleren Schichten stammenden Studierenden mehr als verdoppelte, die soziale Rekrutierung aus der Oberschicht aber nur noch zu knapp zwei Dritteln erfolgte. Die soziale Herkunft der Medizinstudierenden, die um die Jahrhundertwende geboren waren, war im Vergleich zu anderen Studienfächern zwar immer noch relativ sozial exklusiv, derjenigen der Ärzte gegenübergestellt deutete sie jedoch eine tendenzielle Öffnung der Hochschulen und eine drohende Erosion des Bildungsprivilegs der „geistigen und wirtschaftlichen Oberschicht" an.

---

180 Ebd., S. 161. Zu den Artikeln 143 bis 149 Bildung und Schule vgl. Die Grundrechte und Grundpflichten der Verfassung. Kommentar zum zweiten Teil der Reichsverfassung, hg. v. Hans Carl Nipperdey, 3. Bd., Berlin 1930, S. 1-98 (W. Landé).

181 „Anlage" oder „Neigung" und ihre Definitionsnotwendigkeit öffnen allerdings eine Hintertür, die anti-egalitären Tendenzen Vorschub leisten kann.

182 Vgl. Tabelle 6 im Anhang, in der die soziale Herkunft von Studierenden der Pädagogik, aller Fakultäten zusammen, der rechts- und staatswissenschaftlichen Fakultät sowie der Medizin gegenübergestellt ist. Über die soziale Rekrutierung der Studentinnen gibt Tabelle 7 Auskunft, wobei die insgesamt höhere Quote der Herkunft aus der Oberschicht auffällt. Ausführliche Auflistungen der sozialen Herkunft nach einzelnen Väterberufen stellen die Tabellen 8-10 im Anhang dar.

Tabelle II: Soziale Herkunft der Studierenden im WS 1930/31 (Medizin im Vergleich zu Studierende aller Fakultäten) und soziale Herkunft von Ärzten[183] in Prozent

Schicht	Stud. aller Fakultäten ohne Medizin	Stud. aller Fakultäten	Med., Zahnmed., Tiermed., Pharmazie	Medizin	Ärzte
A	32,23	34,78	41,79	45,63	76,00
B	60,77	58,83	54,60	50,90	21,5
C	6,24	5,55	2,88	2,72	2,5
ohne	0,83	0,82	0,81	0,79	(-)
	100,07	99,98	100,08	100,04	100,0

Quellen: Deutsche Hochschulstatistik, hg. v. den Hochschulverwaltungen; Bd. 6, Winterhalbjahr 1930/31, S. 12 ff. (Studierende) und J. Nothaas: Sozialer Auf- und Abstieg im deutschen Volk. München 1930, S. 130

Die Schuld an der „Überfüllung des Ärztestandes“[184] wurde nicht in einer kaum existenten Bildungspolitik des Kaiserreiches oder in fehlender Steuerung des akademischen Arbeitsmarktes gesehen, sondern den an die Hochschulen strömenden Studierenden zur Last gelegt. Zwar hatte es bereits seit der 1890er Jahre des 19. Jahrhunderts zahlreiche Warnungen vor dem Medizinstudium durch die Ärzteverbände gegeben, die in Form von Flugblättern oder Aufsätzen in der Tagespresse das „Vorurteil“ zu zerstreuen versuchten, daß der Arztberuf eine sichere Quelle des Broterwerbs sei.[185] Der gewünschte Erfolg konnte jedoch nicht erreicht werden, „*sonst wäre die Ueberfüllung des Berufs heute nicht so drückend*“[186], wie argumentiert wurde. Für die Gegenwart der 1920er Jahre erhoffte man sich von den Warnungen aber eine nachdrücklichere Abschreckungswirkung:

„*Vielleicht aber wirken sie heute eher, wo der Werkstudent, der in Bergwerken, Kohlengruben, Fabriken sich notdürftig die Mittel zum Studium und Unterhalt erwirbt, und der Arzt, der*

[183] Vgl. Tabelle I und Erläuterungen dazu. Zur Zuordnung von einzelnen Berufen zu Schichten vgl. Anm. 157. Die Abweichung von 100 Prozent ergibt sich aus Rundungsdifferenzen bei der Umrechnung der absoluten Zahlen in Prozentteile.

[184] Titze 1984, S. 106; er ist der Ansicht, daß diese „Überfüllung“ wirklich existierte. Unstrittig ist die Tatsache, daß sowohl die gesamten Studierendenzahlen wie auch die der Medizinstudenten einen bis dahin unerreichten Höhepunkt darstellten, aber die Frage bleibt, ob die Grenzen dieses scheinbar ‚geschlossenen Marktes' nicht geöffnet werden könnten, indem man z.B. die Ärztedichte erhöht.

[185] Vgl. hierzu Huerkamp, S. 110-118. Die Rolle der Ausbildung in der Diskussion um die sog. „Überfüllung“ des Arztberufs seit den 1880er Jahren.

[186] Umschau. Warnung vor dem Medizinstudium. In: ÄVBl. Nr. 1279 (13.4.1923), Sp. 73.

nachts als Kellner, Klavierspieler oder Wächter seine kargen Einnahmen zu verbessern sucht, ein betrübliches Wirklichkeitsbild geworden ist.“[187]

Auf dem Ärztetag 1927 verteidigte Professor Eichelberg, der Referent zum Thema „Die Notlage der ärztlichen Jugend“, die Politik des Ärztestandes gegenüber Jungärzten und Medizinstudierenden. Die Ärzteverbände hätten mit ihren zahlreichen Warnungen vor dem Studium[188] ihrer Pflicht genüge getan:

„Diejenigen, die jetzt vorhaben, Medizin zu studieren, wissen ganz genau, wie die Verhältnisse liegen und wenn sie trotzdem das Studium der Medizin ergriffen haben, so haben sie das auf ihre eigene Verantwortung getan. (Sehr richtig!) Eine moralische Pflicht der ärztlichen Organisationen, auch für das Fortkommen dieses neuen in einigen Jahren kommenden Zustromes von Aerzten zu sorgen, besteht daher nicht. (Sehr richtig!).“[189]

Man bedauere zwar die Situation, sehe sich aber außerstande, etwas zu unternehmen. ‚Prophylaktisch' empfahl Eichelberg die Anwendung des folgenden, bewährten Mittels zur Reduzierung der Studierendenzahlen:

„Dringend notwendig scheint es mir aber zu sein, dass wir weiterhin nach wie vor eine Verlängerung des medizinischen Studiums und eine Erschwerung der medizinischen Examina verlangen, damit die Auslese der zum Mediziner und Arzt geeigneten Leute eine bessere ist, als das bisher der Fall war.“[190]

Hier macht schon der Zusammenhang, in dem die Forderung nach „besserer Auslese“ steht, deutlich, daß es nicht um eine bessere Qualifikation ging, die zur Rechtfertigung von Studienverschärfungen diente, sondern um die unausgesprochene Identität von finanziellem Durchhaltevermögen und „Eignung“ zum Arztberuf. Eine Verlängerung des Studiums hätte in erster Linie die aus mittleren und unteren Beamten- und Angestelltenschichten stammenden Studierwilligen ebenso zurückgehalten wie die Arbeiterkinder.

Selbst auf den nur ansatzweise durchgeführten Abbau sozialer Hürden vor dem Hochschulstudium reagierten die „beati posidentes“ des Ärztestandes drastisch. Parallel zur Verteuerung des Medizinstudiums, die einen noch stärkeren Zudrang

---

187 Ebd., Herv. im Original.

188 Zuletzt hatte die Hauptversammlung des Hartmannbundes 1924 folgenden Beschluß gefaßt; „Medizinstudierende, die nach dem 1. Oktober 1924 das Studium der Medizin begonnen haben, können in keiner Weise darauf rechnen, daß der Verband der Aerzte Deutschlands sich für ihre Unterbringung in der ärztlichen Praxis einsetzen wird“ (zit. n. Eichelberg: Die Notlage der ärztlichen Jugend. In: ÄVBl. Nr. 1432 (Sonderheft Ärztetag, 21.10.1927), S. 16-23, S. 22).

189 Eichelberg 1927, S. 22 f.

190 Ebd., S. 21.

in diesen Fachbereich ab 1927/28 nicht verhindern konnte, wurde die besondere „Berufung" des Arztes wieder betont: Wissenschaftliche Qualifikation alleine genüge nicht, um ein guter Arzt werden. „Wissen" sei zwar wichtig für den Arzt, *„aber um Arzt in bestem Sinne zu sein, dazu gehört mehr als nur Wissen, und dieses Mehr muß angeboren sein und aus einer guten Kinderstube stammen"*.[191] Durch die schwer überprüfbare Grundvoraussetzung des „zum-Arzt-geboren-sein" wurde argumentativ schon die große Mehrheit der Studierenden ausgegrenzt. „Geboren zu" oder „berufen" sind immer nur sehr wenige, denen eine große Masse von Nicht-Berufenen gegenübersteht. Wenn das angeborene „Mehr" dann aus einer „guten Kinderstube" stammen muß, dann ist der soziale Ort des ‚geborenen Arztes' relativ klar umrissen: Er befindet sich in einem Mittel- bis Oberschicht-Elternhaus und keinesfalls in den Mietskasernen der Unterschicht.

2.1.2. Die „Proletarisierung" des Ärztestandes: Vom Heilkünstler zum schlecht entlohnten Kassenknecht

Die Bezeichnung „Proletarisierung" war in der Weimarer Republik, aber vereinzelt auch schon vor dem Ersten Weltkrieg[192], durchaus gebräuchlich für die Umschreibungen der bedrohlichen Situation, in die der freie Arztberuf im Laufe der gesellschaftlichen Entwicklung gekommen war.[193] Synonym verwendete Begriffe wie „Sozialisierung", „Verbeamtung" oder „Verstaatlichung", unterschiedlich kombiniert mit Arzt, Ärztestand oder gesamtem Heilwesen deuteten an, daß es sich nicht um die „massenhaften Vorgänge der Verarmung von früher wirtschaftlich gehobenen Schichten"[194] und deren Abstieg ins Proletariat handelte, sondern um die Verteidigung des freien Berufes. „Proletarisierung" eines akademisch ausgebildeten Berufes sollte bei den übrigen selbständigen Berufen und allen Bevölkerungsschichten, die sich als ebenso bedroht empfanden, wie auch

[191] Tjaden: Volk ohne Jugend. In: DÄBl. Nr. 28 (1.10.1932), S. 371 f., S. 371.

[192] Vgl. hierzu Plaut 1913, der zwar den Ausdruck „Proletariat des ärztlichen Standes" für „etwas stark ausgedrückt" hielt (S. 48), das damit bezeichnete Phänomen aber „nicht nur für den Staat, sondern auch für die Gesundheitspflege eines ganzen Volkes (als) gefährlich" einstufte (ebd.).

[193] Der Ausdruck wurde in zahlreichen Aufsätzen des Ärzteblattes verwendet, findet sich aber verstärkt um 1923/24 und ab 1928/29. In zeitgenössischen sozialwissenschaftlichen Abhandlungen war er ebenfalls anzutreffen, z.B. Tobis 1930, der sich allerdings durch Ausführungszeichen von dem Begriff überhaupt distanziert: „Proletariat" existierte für ihn nur dort, wo sich die Betreffenden „die Ideen des ‚Proletariats' zu eigen gemacht haben" (S. 16). Geiger 1932 konstatierte einen vermehrten Anstieg „der proletarischen Existenzen" (S. 42) bei den Ärzten der Nachkriegszeit und ein Anwachsen der „proletaroiden Existenzen" (ebd.).

[194] Götz Briefs: Das gewerbliche Proletariat; in; Grundriß der Sozialökonomik, 9. Abteilung, 1. Teil, Tübingen 1926; zit. n. Tobis 1930, S. 113.

die negativen Assoziationen teilten, die „Proletariat" hervorrief, für Unterstützung der ärztlichen Standespolitik in der Öffentlichkeit werben.

Allein die Tatsache, daß es notwendig sei, *„auch mehr in die Oeffentlichkeit zu treten, als das früher der Fall war"*[195], sprach dafür, daß schärfere Frontstellungen seitens der Ärzte wahrgenommen wurden. Was das Reichsgericht-Urteil 1907 als den *„Sittenanschauungen (...) des gesamten deutschen Volkes"* entsprechend für die ärztliche Tätigkeit festgestellt hatte, daß dieser Beruf im Dienste des Gemeinwohles ausgeübt werde und *„über dem Niveau einer geldlichen Erwerbstätigkeit"* stehe[196], wurde nach der Novemberrevolution 1918/19 keineswegs mehr als Selbstverständlichkeit betrachtet. Die neue Regierung erkannte ganz offensichtlich die Auffassung der Ärzteverbände nicht an, *„dass der Aerztestand dauernd Opfer für die soziale Wohlfahrt bringt"*[197]. „Früher" war dies durch Entgegenkommen des Staates „z.B. in der Freilassung von der Gewerbesteuer" honoriert worden, aber die Gegenwart scheine solche Traditionen nicht mehr zu kennen:

„Es scheint kein Raum mehr für das Gefühl moralischer Verbindlichkeit; das gilt wohl als unzeitgemäße Sentimentalität. Ja, die Zeiten sind trüb, für unseren Stand in besonderem Masse [sic]. Alle die von früher her gekannten Missstände und Gefahren bestehen weiter und haben sich noch verschärft."[198]

Der Rat der Volksbeauftragten hatte sich nicht nur der allgemeinen ideellen Mißachtung des Arztberufes schuldig gemacht, sondern als eine der ersten Verordnungen am 22.11.1918 den sog. „Bauer-Erlaß" veröffentlicht, der spürbar in die finanziellen Belange der Ärzte eingriff. Die Einkommensgrenze für die Pflichtversicherung – seit 1914 auf 2500 Mark Jahresverdienst festgesetzt[199] –, wurde

---

[195] Eichelberg: Die Notlage der ärztlichen Jugend. In: ÄVBl. Nr. 1432 (Sonderheft Ärztetag, 21.10.1927), S. 16-23; S. 23.

[196] Wortlaut der Entscheidung vgl. Abschnitt 2.1 dieser Arbeit (S. 38, Fn. 141).

[197] Vollmann: Sylvesterbetrachtungen. In: ÄVBl. Nr. 1200 (23.12.1919), Sp. 216-219, Sp. 218.

[198] Ebd.

[199] Vor dem Inkrafttreten des zweiten Buches der RVO (Krankenversicherung) am 1.1.1914 umfaßte der Versicherungszwang alle Einkommensbezieher, deren Jahresverdienst unter 2000 Mark lag. Eine Erhöhung der Einkommensgrenze auf 2500 Mark erweiterte den Kreis der Versicherungspflichtigen, der seit der Einführung der gesetzlichen Krankenversicherung kontinuierlich, aber nur relativ langsam gewachsen war und seit 1910 nahezu konstant bei 13,5 Millionen gelegen hatte, in einem Schub um rund 2 Millionen auf 15.609.586 Krankenversicherte (Angaben nach Gerd Hohorst u.a.: Sozialgeschichtliches Arbeitsbuch, Bd. II: Materialien zur Statistik des Kaiserreichs 1870-1914. München 1978 (2. Aufl.), S. 154). Die zunächst rigorose Ablehnung der RVO durch die Ärzteverbände gründete sich auch auf die Ausdehnung des Versicherungszwanges, weil sie die Erhöhung der Versichertenzahlen als Beschneidung der ärztlichen Privatpraxis interpretierten (vgl. z.B. Plaut 1913, S. 225); die SPD hatte damals schon für die Pflichtversicherung eine Einkommensgrenze von 5000 Mark gefordert.

auf das Doppelte angehoben und gleichzeitig bestimmt, daß bei Überschreiten dieser Jahreslohngrenze die gesetzliche Krankenversicherung freiwillig fortgeführt werden konnte.

Eine an den Rat der Volksbeauftragten gerichtete „Öffentliche Verwahrung!“[200] von *Ärztevereinsbund* und *Leipziger Verband* vom 3. Januar 1919 griff diese Regelungen als „völlig unnötige Maßnahme“ und „Übertreibung“ an. Unter Hinweis darauf, daß die vorige, „von Ihnen beseitigte Regierung“ sich stets bemüht habe, Beschlüsse im Einvernehmen mit der Vertretung der Arbeiter, den Gewerkschaften, zu fassen; sie habe versucht, *„alle unnötigen Schädigungen nach Möglichkeit zu vermeiden“*. Dementsprechend erwarteten nun die Ärzteverbände ein Eingehen des aus SPD- und USPD-Mitgliedern zusammengesetzten Rates auf ihre Interessen. Vergeblich – wie der Erlaß bestätigte:

„Die Regierung des Volksstaates hält so etwas nicht für nötig. Sie erläßt, ohne uns zu fragen oder zu hören, eine Verordnung, die die gesamte Ärzteschaft wirtschaftlich auf das schwerste bedrängt und die darüber hinaus eine verhängnisvolle Gefährdung der ärztlichen Kunst und damit der allgemeinen Gesundheit mit sich bringen muß.
Wir unterzeichneten Vertreter der organisierten deutschen Ärzteschaft legen gegen ein derartiges unheilvolles Vorgehen Verwahrung ein und erheben entschieden Entspruch dagegen, daß die zur Zeit herrschende Regierung, die nur eine vorübergehende ist und nur eine vorübergehende sein kann, sich auf dem Gebiete der Gesundheitspflege Eingriffe in die Gesetzgebung erlaubt und Verordnungen erläßt, die durchaus nicht dringlich oder unabweisbar notwendig, wohl aber in hohem Maße gefährlich und schädlich sind.“[201]

Die „Öffentliche Verwahrung“, in der immerhin einer Regierung die Kompetenz zur Gesetzgebung abgesprochen wurde, dokumentierte ein Selbstverständnis, das den Arzt als neutralen Experten auch über die „Laienhaftigkeit“ der politischen Entscheidungsträger setzt. Im weiteren Verlauf der Auseinandersetzungen um Ausgestaltung und das richtige Maß staatlicher Sozialpolitik in der Weimarer Republik verdichtete sich diese Einstellung zu einer antidemokratischen Grundhaltung. Den *„vom sozialen Oel triefenden Gesetzmacher(n)“*, die sich ständig *„im sozialen Wettrennen um den Beifall der Wählermassen“*[202] zu profilieren suchten, wurde unterstellt, dass sie im Weimarer Parteienstaat nur für ihre eigenen politischen

---

[200] Abgedruckt u.a. in der *Münchener Medizinischen Wochenschrift* 3/1919 und in den *Ärztlichen Mitteilungen* vom 3.1.1919; zit. n. Siegfried Parlow/Irena Winter: Der Kampf der ärztlichen Standesorganisationen gegen die Krankenkassen in der Weimarer Republik. In: Gaedt/Schagen (Hg.) 1974, S. 46-72, S. 55 f.

[201] Ebd. Schadewaldt 1975(S. 75) zitiert ebenfalls aus der „Verwahrung“, kommt aber zu dem Schluß, die Haltung des Ärztestandes sei eine „neutrale bis wohlwollende“ gewesen.

[202] Vollmann: Die letzte Etappe zur Volksversicherung. In: ÄVBl. Nr. 1249 (9.1.1922), Sp. 4-7; Sp. 4.

Interessen agierten und keinerlei Verantwortungsgefühl gegenüber „Volksgesundheit“ und Ärztestand zeigten. Für „Parteipolitiker aller Schattierungen“, konstatierte der Medizinhistoriker Kurt *Finkenrath* 1929, sei die Unterstützung der Sozialversicherung *„das panem et circensis der Cäsaren Roms zur Gewinnung der Volkstümlichkeit geworden“.*[203]

Für den Ärztestand und seine Einstellung gegenüber staatlicher Sozialpolitik war die Tatsache von großer Bedeutung, daß nach Beendigung des Krieges und der politischen Umwälzung die Sozialdemokratie Regierungsverantwortung und gesetzgeberische Kompetenz erlangt hatte. Von 1918/19 ab datiere die *„eigenartige Stellung zur Sozialpolitik und zur Wohlfahrt, die Deutschland in der Welt den Namen des ‚Wohlfahrts- und Fürsorgestaates' eintrugen“.*[204] Eine enge Verflechtung von SPD-Mitgliedschaft, gewerkschaftlicher Organisation und Besetzung von Stellen der Kassenselbstverwaltung erzwang von den Ärzten ein Überdenken ihrer bisherigen Standespolitik.

Der erste Ärztetag „im sog. Friedenszustand“ befaßte sich 1919 mit Verhandlungsthemen, die um den Kernpunkt der *„sozialen Stellung der Aerzteschaft innerhalb des Gesellschaftskörpers“* kreisten.[205] Während *Hartmanns* Referat „Unsere Stellung zu den Krankenkassen“ abhandelte, sich auf die Grundlage des 1913 ausgehandelten *Berliner Abkommens* stellte und sich sogar optimistisch bezüglich der weiteren Zusammenarbeit mit den Kassen äußerte, nahm sich *Mugdan* „mit nervigter Rechten“ des äußerst aktuellen Themas „Zur Sozialisierung des Heilwesens“ an, wie Schriftleiter Vollmann ausführte:

„Geradewegs ging er auf den Gegner, die Sozialdemokratie mit dem diesbezüglichen Satz im Erfurter Programm, los und liess sich auf kein Drehen und Deuteln ein. ‚Sozialisierung des Aerztestandes heisst die völlige Verbeamtung aller Aerzte und die Gewährleistung des Rechtes für jeden Deutschen, zur Erhaltung und zur Wiedergewinnung seiner Gesundheit die Hilfe eines dieser beamteten Aerzte unentgeltlich in Anspruch zu nehmen'.“[206]

Wie bei jeder Sozialisierungsmaßnahme seien die „unentrinnbaren Folgen“ auch im Heilwesen ausschließlich negative: Die Abschaffung von Privatärzten und -kliniken werde die massenhafte „Verarztung“ in öffentlichen Sprechstellen zur Folge haben, die geplante Verstaatlichung der Arzneimittelbetriebe werde zwangsläufig zur „Einengung für den Arzt in deren Verwendung“ führen: *„Ergo:*

---

203 Kurt Finkenrath: Die Verstaatlichung des Patienten. In: Der Arzt und der Staat. Leipzig 1929, S. 60-90, S. 82.

204 Ebd., S. 68.

205 Vollmann: Zum Aerztetag. In: ÄVBl. Nr. 1194 (20.9.1919), Sp. 160-162, Sp. 160.

206 Vollmann: Vom 41. Deutschen Aerztetag in Eisenach. In: ÄVBl. Nr. 1195 (9.10.1919), Sp. 165-174, Sp. 168.

Die individuelle Gesundheitspflege im ganzen würde lediglich verschlechtert, die Volksgesundheit schwer geschädigt.'[207]

Dem Gedanken des beamteten Arztes wollten sich die Ärztetags-Delegierten aber nicht völlig verschließen: In Bereichen, in denen weniger der einzelne Kranke im Mittelpunkt stehe und Belange der Allgemeinheit betroffen seien, es sich also *„um die gesundheitliche Pflege und Fürsorge für ganze Bevölkerungskreise und -schichten'*[208] handele, sei eine Verbeamtung durchaus akzeptabel. Die einstimmig angenommene Resolution dieses Ärztetages begrüßte ausdrücklich die Einrichtung und den Ausbau des Fürsorgearztwesens und forderte die Bildung eines Landesgesundheitsamtes mit einem ärztlichen Leiter. Eine Beamtenstellung für die gesamte Ärzteschaft wurde dagegen zurückgewiesen:

„Die Aerzteschaft als berufene Hüterin der Volksgesundheit (...) lehnt eine Verstaatlichung der Aerzte bezüglich der Behandlung der Kranken im Hinblick auf das unbedingt notwendige, persönliche Vertrauensverhältnis zwischen Arzt und Kranken und im Interesse der Kranken selbst, des ärztlichen Berufes und der ärztlichen Wissenschaft grundsätzlich ab. Die restlose Durchführung der organisierten freien Arztwahl im gesamten kassenärztlichen Dienste sichert am vollkommensten die Erfüllung auch der umfassendsten Aufgaben des Heilwesens. Der ärztliche Stand ordnet sich am zweckmäßigsten in freien genossenschaftlichen Formen dem werktätigen Volke ein.'[209]

Resümierend stellte der Berichterstatter *Vollmann* fest, daß dieser Ärztetag die Frage nach den Aufgaben des Arztes „im sozialen Staatswesen" ebenso geklärt habe, wie die nach der „sozialen Erscheinungsform" des Ärztestandes.[210] Als Kassenärzte stünden die Ärzte seit langem in einer „genossenschaftlich gerichteten Bewegung", so daß sie sich in Übereinstimmung mit dem *„bewegenden Gedanken der Jetztzeit von dem Mitbestimmungsrecht aller am Arbeitsprozeß Beteiligten"* befänden. Desgleichen unterstütze man die *„Ziele einer wohlverstandenen Sozialisierung,*

---

207 Ebd.

208 Ebd., Sp. 169. Diese Äußerung bezieht sich wohl auf die Armenarzt-Tätigkeit im 19. Jahrhundert. Nach Einführung der gesetzlichen Krankenversicherung hatte es vereinzelt Ärzte gegeben, die eine „Verstaatlichung des Ärztestandes" als mögliche Alternative zur freien Berufsausübung gesehen hatten, wohl wissend, daß sie sich in der Minderheit befanden. Bei *Schallmayer* 1895 findet sich der wichtige Hinweis, daß die Beamtenstellung die Ärzte zu größerer Beachtung der hygienischen Fragen zwingen würde. Für *Schallmayer* war die „Erforschung der Erblichkeit" und die eventuell zu ziehenden „Folgerungen betreffs der Ehetauglichkeit" das wesentliche Argument für eine ‚Verstaatlichung'. „Diese Feststellungen (könne man) wohl nicht mehr Privatärzten übertragen, ungefähr ebensowenig, wie die Entscheidung über Militärtauglichkeit oder -untauglichkeit" (ebd., S. 36).

209 Vollmann: Vom 41. Deutschen Aerztetag in Eisenach. In: ÄVBl. Nr. 1195 (9.10.1919), Sp. 165-174, Sp. 168.

210 Vollmann: Zum Aerztetag. In: ÄVBl. Nr. 1194 (20.9.1919), Sp. 160-162, Sp. 160.

einer Einreihung ins Gesellschaftsganze'[211], diese müsse nur noch in Einklang gebracht werden mit der für die Ausübung des Arztberufs nötigen Berufsfreiheit: „*So klang die Tagung fast aus, wie sie begonnen, im Dominantton eines grossen Zukunftsakkords: Sozialisierung, aber ‚wie wir sie verstehen'.*"[212]

Das verbale Entgegenkommen gegenüber dem neuen Staat, für das auch die Anfang des Jahres von einzelnen Ärztevereinen abgegebenen „Loyalitätserklärungen" standen[213], hinderte die Schriftleitung des *Ärztlichen Vereinsblattes* aber keineswegs, gleichzeitig Anzeigen von Freikorps zu veröffentlichen, die eine ärztliche Begleitung zur Unterstützung ihrer blutigen Kämpfe gegen die Republik suchten.[214]

Eine entscheidende Zäsur in den Beziehungen zwischen Ärzten und Kassenverbänden erfolgte 1923, als das Reichsarbeitsministerium unter der Leitung des Mitglieds der Zentrumspartei *Brauns* die in Folge der Inflation völlig desolat gewordene Finanzsituation der Sozialversicherung durch zwei Notverordnungen zu stabilisieren versuchte. Bereits vor 1923 hatten sich die Spannungen zwischen Ärzte- und Kassenverbänden verschärft durch die Einbeziehung weiterer Erwerbstätiger in die gesetzliche Krankenversicherung (Erziehungs- und Krankenpflegebereich) und die gleichzeitige Erhöhung der Einkommensgrenze für die Pflichtversicherung. Zwar erfolgte letztere als Anpassung an die Geldentwertung, hatte aber insgesamt doch ein Ansteigen der Versichertenzahlen zur Folge. Gegen die Erweiterung der Krankenversicherung, die eine zunehmende Wichtigkeit der Kassenarztpraxis für das Einkommen und damit auch eine finanzielle Abhängigkeit von den Kassen bedeutete, wurde heftig protestiert. Die Ärzte empfanden diese Politik als gegen die freiberufliche Selbständigkeit gerichtet, die sie als auf der *privaten* Krankenbehandlung gegründet begriffen. Sie versetze „der ärztlichen Privatpraxis den Genickfang"[215], wie Vollmann 1922 zusammenfaßte.

---

211 Ebd., Sp. 161.

212 Vollmann: Vom 41. Deutschen Aerztetag in Eisenach. In: ÄVBl. Nr. 1195 (9.10.1919), Sp. 165-174; Sp. 173.

213 Das ÄVBl. Nr. 1177 (9.1.1919) publizierte unter der Überschrift „Kundgebungen zur neuen Lage" die Entschließungen von zwei großen Ärztevereinen, des Bezirksvereins Nürnberg, in dem u.a. der spätere Vorsitzende des Ärztevereinsbundes *Stauder* Mitglied war, und des Leipziger Ärztevereins (Sp. 7).

214 Vgl. ÄVBl. Nr. 1180 (23.2.1919), Nr. 1182 (23.3.1919), Nr. 1185 (9.5.1919) und Nr. 1187 (9.6.1919).

215 Vollmann: Die letzte Etappe zur Volksversicherung. In: ÄVBl. Nr. 1249 (9.1.1922), Sp. 4-7, Sp. 4.

Im Oktober 1923 wurde dennoch die „Verordnung über die Krankenhilfe bei den Krankenkassen“[216] erlassen: Krankenbehandlung und Arzneimittelverschreibung seien *„auf das notwendige Maß zu beschränken“*, wie alles zu vermeiden sei, *„was eine unnötige und übermässige Inanspruchnahme der Krankenhilfe herbeiführen kann*‘[217]; die Versicherten mußten 10 Prozent der Medikamentenkosten selbst tragen. Für die Anstellung eines Arztes bei einer Kasse wurde die schon im *Berliner Abkommen* festgelegte Quote von einem Arzt auf 1350 Versicherte (1000 Versicherte bei Familienbehandlung) erneut bestätigt, wobei die Kassen die Arztzulassung bei Überschreiten dieser Zahl verweigern konnten. Außerdem wurde den Kassenvorständen das Recht zugesprochen, die Einhaltung dieser Vorschriften zu überwachen, gegebenenfalls den Arzt zu verwarnen und bei mehrmaligen Verstößen die Kündigung auszusprechen.

Der Sturm der Entrüstung erhob sich in einer Vehemenz, die nur mit den von dieser Verordnung verletzten „unveräußerlichen Vorstellungen“ vom Arztberuf zu erklären war. Von Ärzteseite wurde unterstellt, dass die Kassen „mit vergnügtem Händereiben“ die „Erdrosselung des Aerztestandes“ beobachteten, denn durch einen Federstrich seien die Ärzte „jedem Zugriffe übelwollender Kassenvorstände machtlos“ gegenübergestellt und „die ganze Aerzteschaft dem Hungertode überliefert“ worden.[218] Die Berliner Ärzteschaft erklärte, daß diese Verordnung *„diejenige Unparteilichkeit vermissen lässt, die unter allen Umständen für eine Reichsbehörde erstes Gesetz sein müsse“*:

„Sie [die Verordnung – G.M.] liefert den Kassenarzt fast wehrlos der Willkür und den Machtgelüsten der Kassenvorstände aus, sie macht ihn beruflich von Laien abhängig, sie ist geeignet, das ärztliche Gewissen in schwerste Konflikte zu bringen, sie untergräbt den festen Boden der Verträge, auf denen die Existenz der meisten deutschen Aerzte beruht und die für ein friedliches Zusammenarbeiten von Kassenärzten und Kassenverwaltungen unerlässlich sind.‘[219]

Das Maß an Abhängigkeit von den Kassenvorständen, in denen auch in der Weimarer Republik etliche Sozialdemokraten und Gewerkschafter saßen, war voll: „Laien“ sollten die angemessene Medikamentierung und Behandlung beurteilen, konnten Ärzte, die bildungsmäßig weit über ihnen standen, maßregeln und sogar entlassen. Dies bedeutete *„Erniedrigung vor jedem Handwerksgesellen, wenn er als Ar-*

---

[216] Abgedruckt bei H. Dippe: Krankenkasse, Aerzte und das Reichsarbeitsministerium. In: ÄVBl. Nr. 1293 (9.11.1923), Sp. 205-209.

[217] Ebd., Sp. 206.

[218] Umschau. Stimmen zur Verordnung der Reichsregierung über Krankenhilfe bei den Krankenkassen. In: ÄVBl. Nr. 1294 (23.11.1923), Sp. 213-216, Sp. 214.

[219] Ebd., Sp. 215.

beitnehmervertreter im Kassenvorstand sass'[220]. Zwang durch und Vorschriften von Außenstehenden seien aber völlig unvereinbar mit dem Arztberuf, wie *Plaut* bereits 1913 anläßlich des Kampfes der Ärzte gegen die von der Reichsversicherungsordnung ausgehende Gefahr der „Proletarisierung" festgestellt hatte:

„In solche Lage kommen noch dazu gerade Ärzte, die in der Regel aus den besser situierten Kreisen der Gesellschaft stammen, nach einem langen Studium, dem sie sich doch meist aus idealen Gründen hingegeben haben, Leute also aus einer sonst vielleicht überhaupt nicht ähnlich vorhandenen Ungebundenheit, dem Urbild der liberalen Bourgeoisie. Dazu wird die Empfindung der Abhängigkeit um so unerträglicher gestaltet, als die Ärzte nicht von ‚ihres Gleichen', nicht von Arbeitgebern oder ‚Bourgeois' abhängig sind, sondern von der leider allzuoft verachteten Arbeiterschaft und den ‚Sozialdemokraten'!'[221]

Die zum ärztlichen Grundrecht erklärte Ungebundenheit war durch den Regierungserlaß tatsächlich für die Krankenkassenbehandlung außer Kraft gesetzt worden, *„aber nie und nimmer werden sie (die Ärzte – G.M.) sich zu Handlangern und Untergebenen der Kassenvorstände herabdrücken lassen"*.[222] Schärfste Gegenwehr des Ärztestandes war geboten und ab dem 1. Dezember 1923 herrschte im gesamten Reichsgebiet der sog. „Vertragslose Zustand", der „Ärztestreik".

Zwar konnten Anfang 1924 wieder vertraglich geregelte Beziehungen zwischen Kassen und Ärzteverbänden hergestellt werden und damit wieder die Behandlung der versicherten Kranken gegen Krankenschein gewährt werden, in einigen Orten hatten aber in der Zwischenzeit einzelne Kassen eigene Behandlungsinstitute, die sog. *„Ambulatorien"* eingerichtet. Bei diesen waren Ärzte fest angestellt und übten als Gemeinschaftspraxis mit unterschiedlichen Spezialisten in kasseneigenen Räumen ihre Berufstätigkeit aus.[223] Diese Form der abhängigen Beschäftigung mit den Kassen als Arbeitgeber gab für die folgenden Auseinandersetzungen das Muster standespolitischer Argumentation gegen die Einbindung des Arztberufes in das System der sozialen Versicherungen ab. Der Kampf um die „Freiheit des ärztlichen Standes" müsse mit allen Mitteln geführt werden, denn das Ziel der Krankenkassen sei nichts weniger als die *„Zertrümmerung der (ärztlichen – G. M.) Organisation, die Vernichtung der organisierten freien Arztwahl"*: *„An ihre Stelle soll das System der festangestellten Aerzte und des gebundenen Großbetriebs in Behand-*

[220] Vollmann: Dem Hartmann-Bund zum Gruss! In: ÄVBl. Nr. 1356 (11.9.1925), Sp. 387.

[221] Plaut 1913, S. 86.

[222] Umschau. Der Abwehrkampf der Aerzte. In: ÄVBl. Nr. 1295 (9.12.1923), Sp. 221-224, Sp. 223.

[223] Zu Geschichte, Aufbau und Tätigkeitsbereichen der Ambulatorien in der Weimarer Republik vgl. Eckhard Hansen u.a.: „Seit über einem Jahrhundert ... Verschüttete Alternativen in der Sozialpolitik. Köln 1981.

lungsinstituten treten", um die *„Monopolisierung der Gesundheitspflege in den Händen der Kassen*" zu vollenden.[224]

In der Tätigkeit für die Ambulatorien – Vollmann bezeichnete sie 1924 als „Konzentrationslager der Krankenversorgung"[225], in denen der einzelne Kranke zur bloßen Nummer degradiert werde – sei jede Spur des freien Arztberufs ausgetilgt: *„Denn in die Fesseln, von denen sich der Arbeiter zu befreien sucht, will man uns hineinzwingen. Wir sollen Arzt Nr. X der Krankenkasse werden, acht Stunden arbeiten usw. Dürfen wir das, wenn wir Aerzte heissen wollen? Nein! Als Angestellte der Kassen würden wir gesellschaftlich deklassiert, mögen die Angebote pekuniär noch so verlockend sein, denn wir vergeben unsere Menschenwürde.*"[226]

„Pekuniär verlockend" waren die Gehaltsangebote der Ambulatorien allenfalls für diejenigen Jungärzte, die noch keine Kassenzulassung und noch keine eingeführte Privatpraxis hatten. Vor allem die Kassenzulassung war durch die Notverordnung vom Oktober 1923 erschwert worden und betraf die zahlreichen notapprobierten jungen Ärzte in großem Maß. Genau diese Zulassungsbeschränkung, die große Verbitterung hervorgerufen hatte, nützten die Kassen aus, unterstellte *Vollmann*, um die Jungärzte *„für die Zwingburgen der Kassen, die Ambulatorien, einzufangen und sich damit einen Stamm zuverlässiger Söldnertruppen zu schaffen*".[227]

Die Ambulatorien, schwerpunktmäßig und für längere Zeit nur in Berlin und einigen Städten an der Unterweser ausgebaut, erhielten ihre Bedeutung für den Ärztestand aus der Tatsache, daß sie die Verkörperung der Sozialisierungsvorstellung darstellen, die die Ärzte 1919 schon strikt abgelehnt hatten. Als die Kassen seit 1924 auch noch dazu übergingen, kasseneigene Kliniken und Arzneimittelfabriken aufzubauen, schien sich zu beweisen, was die ärztlichen Standespolitiker schon lange befürchtet hatten, daß die Krankenkassen in Wirklichkeit einem *„Imperialismus auf dem Gebiet des Gesundheitswesens*"[228] huldigten, der die Ärzte als freien Stand zerreiben wollte. Nahtlos fügten sich in diese Anschauung eines von langer Hand vorbereiteten Versuchs einer „Sozialisierung" des Arztberufes die „von Anfang an zu niedrig(en)" Honorare der Kassenpraxis[229]. Die Ärzte seien durch die ungenügende Bezahlung gezwungen worden, ihr hohes Berufsethos zurückzunehmen und eine für den Gewerbetreibenden typische „materialistische Gesinnung" anzunehmen:

---

[224] Vollmann: Vom Versuchsfeld Berlin. ÄVBl. Nr. 1322 (1.10.1924), Sp. 321-325. Sp. 324.

[225] Vollmann: Nach dem Kampf. In: ÄVBl. Nr. 1299 (9.2.1924), Sp. 22-25, Sp. 25.

[226] Matzdorff: Warum sind die „Beratungsstellen" der Krankenkassen antisozial? In: ÄVBl. Nr. 1306 (21.4.1924), Sp. 199-200, Sp. 199 f.

[227] Vollmann: Silvesterbetrachtungen. In: ÄVBl. Nr. 1331 (1.1.1925), Sp. 1-6, Sp. 3.

[228] Ebd., Sp. 2.

[229] Eichelberg 1927 (vgl. Anm. 187), S. 17.

„Und ich habe es erlebt, wie das Dazwischentreten der Krankenkassen die Aerzte ihren Kranken entfremdete, wie uns die anfangs klägliche und auch jetzt noch völlig ungenügende Bezahlung unserer einzelnen Leistungen zu einer verödenden Massenarbeit zwang, die ein näheres Eingehen auf den Kranken und sein Leiden kaum möglich machte, und wie das dauernde Sorgen, das dauernde Kämpfen um Arbeit und besseren Lohn die Aerzte gar zu einseitig auf wirtschaftliche Dinge, wirtschaftliches Denken eingestellt hat.‘[230]

Zu geringes Honorar stelle den Arzt auf eine Stufe mit dem *„nach dem notwendigsten Lebensunterhalt zu jagen gezwungenen Manne“*, der keinerlei „Berufsfreude“ kenne und vom alltäglichen Kampf um die Existenz zermürbt werde. Gerade der Arzt müsse sich aber anderen, „für das Volkswohl notwendigen Aufgaben“ widmen können:

„Dazu braucht der ärztliche Stand freie Zeit und einigermaßen Sorglosigkeit vor wirtschaftlicher Beschwernis. Der in die Kassengesetzgebung gezwängte, zum niedrigsten Schreiberdienst herabgewürdigte, um ein paar Pfennige oder Mark stets zum Kampf gezwungene Arzt wird aus den Höhen freier staatsbürgerlicher Denkungsart und Mitarbeit herabgedrückt.‘[231]

Indem die Krankenkassengesetzgebung den Kassenvorständen Vollmachten bezüglich der Anstellung der Kassenärzte und der Honorarbemessung zugesprochen hatte, hatte sie ihnen auch die Möglichkeit eröffnet, den Ärzten „einen Eckensteherlohn“ auszuzahlen, *„bei dem unsere und unserer Familie Existenz in einiger Zeit in die Brüche gehen muss“*.[232] Folglich seien sie zur Verteidigung von Freiheit und Unabhängigkeit gezwungen, wenn sie nicht *„das Joch eines unwürdigen Helotentums auf sich und die kommenden Generationen wälzen“* wollten.[233] Die Bezahlung kassenärztlicher Leistung müsse sich dem jetzigen Stellenwert der Kassenpraxis anpassen:

„Während aber früher, als die Aerzte noch über die freie Entfaltung ihrer Kräfte verfügten, die Behandlung der Versicherten ein nobile officium war, ist es heute ihre Existenzbedingung. Dieses beides lässt sich nicht vereinen. In der Zeit des nobile officium hatten die Krankenkassen, die gesetzlichen Träger der Versicherung, die ärztliche Arbeit für einen Bruchteil ihres Wertes erhalten.‘[234]

---

230 Dippe: Eröffnungsrede auf dem 44. Deutschen Ärztetag. In: ÄVBl. Nr. 1360 (Sonderheft Ärztetag, 21.10.1925), S. 3-8, S. 5.

231 Max Nassauer: Findelhäuser und Fruchtabtreibung. In: ÄVBl. Nr. 1360 (Sonderheft Ärztetag, 21.10.1925), S. 61-68, S. 64.

232 Ganzer: Ethik und Aerzte. In: ÄVBl. Nr. 1375 (21.5.1926), Sp. 111-113, Sp. 112.

233 Ebd., Sp. 113.

234 Matzdorff: Zur Entwicklung unseres Standes. Ein Programm. In: ÄVBl. Nr. 1277 (9.3.1923), Sp. 51-53, Sp. 52.

Die damals schon als nicht standesgemäß empfundene Bezahlung konnte erstens finanziell kompensiert und zweitens als ethische Verpflichtung gegenüber den armen Kranken betrachtet werden. Weil aber durch die Ausbreitung der Krankenversicherung „die Nebenbeschäftigung zur Hauptbeschäftigung“ wurde, müßten „auch die Honorare solchen der Hauptbeschäftigung entsprechen“:

„Wir können heute nicht mehr der Ansicht sein, daß es im Interesse der Arbeiter läge, wenn die Ärzte etwa 95 % des erwerbstätigen Volkes zu Sätzen behandeln würden, welche dem Wert ihrer Leistung nicht entsprächen. Auch hier gilt der Satz der französischen Syndikate: Mauvais pays, mauvais travail!“[235]

Im Wohlfahrts- und Fürsorgestaat Weimarer Republik bestehe die ethische Verpflichtung zur unentgeltlichen oder minder entlohnten Krankenbehandlung ohnehin nicht mehr, befanden die Standespolitiker: Der Mittelstand sei proletarisiert, höhere Beamte hätten Einkommenseinbußen hinnehmen müssen, mittlere und untere Beamteneinkommen seien im Vergleich zu den höheren Beamtengehältern überproportional gestiegen und Angestellteneinkommen und Arbeiterlöhne näherten sich weitgehend an.[236] Tatsächlich hatte eine „langfristige Nivellierung von Löhnen und Gehältern“[237] ebenso stattgefunden wie eine relative materielle Besserstellung der Arbeiter im Vergleich zu den Lebensverhältnissen um die Jahrhundertwende im Kaiserreich. Diese Erhöhung des Lebensstandards, eine – wie dürftig auch real im Bedarfsfall ausfallende – Existenzsicherung durch die Versicherungsgesetzgebung im Verein mit der politischen Veränderung des möglichen Aufstiegs von Arbeitern und Handwerksgesellen in den Selbstverwaltungsorganen der Kassen und die Beteiligung der Arbeiterpartei SPD an der Regierung verdichteten sich nicht nur bei *Matzdorff* zum Bild einer aufsteigenden Klasse:

„Der Stand der Lohnarbeiter hat es durch eine festgefügte Organisation verstanden, sich in dem neuen Staate bessere Lebensmöglichkeiten zu erringen, als die früher freien Berufe im alten Staate. Er begriff eben früher als diese Berufe den Geist der neuen Zeit. Es ist so dahin gekommen, dass die früher Minderentlohnten und daher von den freien Berufen mit der Wohltat der Krankenversicherung Bedachten vielfach zu den Besserentlohnten geworden sind als ihre Wohltäter. Auch dieses schreiende Missverhältnis musste zum Streit Veranlassung geben.“[238]

[235] Plaut 1913, S. 166.

[236] Nach Kocka 1978 erhöhten sich zwischen 1913 und 1928 die Nominaleinkommen der Arbeiter um etwa zwei Drittel, die der Angestellten dagegen nur um rund ein Drittel, aber 1929 lag das Realgehalt der meisten Angestellten immer noch unter dem Vorkriegsbetrag (S. 73). Vgl. das gesamte Kapitel III: Die Polarisierung des Mittelstandes, S. 65-95.

[237] Ebd.

[238] Matzdorff 1923 (Anm. 31), S. 52

Zur in Teilen der Bevölkerung angeblich vorhandenen „Geringschätzung, Abneigung, ja zum Teil Gehässigkeit"[239] gegenüber den bessergestellten Ärzten würden manche Regierungs- und Kassenkreise aber auch von privaten Rachegelüsten zur Unterdrückung des Ärztestandes getrieben, wie Kollege *Scheyer* 1927 auf dem Ärztetag feststellte. Daß im Krieg und „bei den gewaltsamen Umwälzungen" nur durch unermüdlichen Einsatz der Ärzte die Zahl der Seuchenopfer so gering gehalten werden konnte, habe man schnell vergessen, aber *„dass man sich über den k. v. [kriegsverwendungsfähig – G.M.] schreibenden Sanitätsoffizier geärgert hat, ist in vielen heute ausschlaggebenden Kreisen in guter Erinnerung geblieben"*.[240]

„Drückeberger", die sich in eine Krankheit geflüchtet hatten, Menschen, die dem *„pathogene(n) Faktor der Angst vor der Rückkehr an die Front"*[241] nachgegeben hatten, waren von Sanitätsoffizieren ebenso über ihre nationale Pflicht zur Vaterlandsverteidigung ‚belehrt' worden, wie in der Heimat die Krankmeldungen von Arbeitern in kriegswichtigen Betrieben ganz besonders sorgfältig überprüft wurden.[242] Diejenigen, die sich im Ersten Weltkrieg also als unzuverlässig und egoistisch erwiesen hatten – sie waren nicht bereit gewesen, ihr Interesse am eigenen Leben zugunsten der großen nationalen Idee des deutschen Sieges um jeden Preis unterzuordnen – waren in den Augen der ärztlichen Standespolitiker dieselben, die nach der Novemberrevolution in öffentliche Funktionen und Ämter gelangt waren.

Politisch vornehmlich als Sozialdemokraten organisiert, versuchten sie in dieser Massenpartei von Beginn an, so wurde in der standespolitischen Argumentation gemutmaßt, die wirtschaftlich Bessergestellten zu demütigen und zu knechten. Im Hinblick auf die ärztliche Behandlung käme die Sozialdemokratie hier *„dem uralten Wunsche weiter Bevölkerungskreise, den Arzt nicht zu bezahlen"*, entgegen:

---

239 Scheyer: Koreferat zu „Aufgaben, Bedeutung und Ausbau der Fürsorgearzttätigkeit". In: ÄVBl. Nr. 1432 (Sonderheft Ärztetag, 21.10.1927), S. 35-41, S. 36.

240 Ebd.

241 Robert Gaupp: Schreckneurosen und Neurasthenie. In: Handbuch der Ärztlichen Erfahrungen im Weltkriege 1914/18. Bd. 4: Geistes- und Nervenkrankheiten, hg. v. Karl Bonhoeffer. Leipzig 1922, S. 68-101, S. 82. Die Tätigkeit der „Kriegspsychiater" gehört, gemeinsam mit den medizinischen „terminalen Humanexperimenten" in den KZ, zu den grauenhaftesten Kapiteln ärztlicher Tätigkeit im 20. Jahrhundert. Über mögliche Verbindungslinien und Bezüge zwischen beiden Bereichen, auch im Kontext von rassenhygienischen Fragestellungen und der Ideologie des Sozialdarwinismus, ist bisher wenig geforscht worden.

242 Bei Parlow/Winter 1974, S. 51 ff., sind einige Beschlüsse abgedruckt, die dazu auffordern, Kassenmitglieder (!) nur in absoluten Notfällen arbeitsunfähig zu schreiben. Noch im Oktober 1918 hatten Leipziger Verband und Ärztevereinsbund in einer vertraulichen Aussprache mit Regierungsvertretern zugesagt, daß man es an „tatkräftiger Beeinflussung der Nachuntersuchungskommissionen bei den für kriegswichtige Betriebe in Betracht kommenden Krankenkassen nicht fehlen lassen" werde (ebd., S. 52).

„Schon Galenus sagte: ‚Pecuniam carpe, dum dolet, patienti sanato medicus non olet' (...) So spricht auch das Erfurter Programm der deutschen Sozialdemokratie durchaus nicht von der Sozialisierung des Heilwesens, sondern von der Unentgeltlichkeit ärztlicher Hilfeleistung.'[243]

Hieraus erkläre sich auch die „rücksichtslose, fiskalisch engherzige Politik" der Kassenverbände, deren „Drahtzieher"[244] sie angeblich zu dieser Haltung gegenüber den Ärzten drängten. Konkrete Aussagen über die Auswirkungen der „fiskalisch engherzigen" Politik und der materiellen „Proletarisierung" des Ärztestandes zu treffen, ist schwierig, denn wie kaum eine andere Berufsgruppe verfügen die Ärzte über eine lange Tradition unzureichender Veröffentlichung von Angaben über die tatsächlichen Einkommenshöhen. Schon 1913 bedauerte Theodor *Plaut* die Tatsache, daß seit 1906 die Ärztekammern keine Einkommensstatistiken mehr publiziert hatten, so daß man lediglich auf ungefähre Schätzungen angewiesen, die oft durch Vorurteile mitgeprägt seien. 1932 konnte es sich Ärzteblatt-Schriftleiter *Vollmann* vor dem Hintergrund der mangelhaften Datenbasis daher einfach machen: Er erklärte den öffentlichen Eindruck, daß es den meisten Ärzten finanziell gut gehe, zur „Fehleinschätzung", dessen Ursache darin liege,

„daß der Arzt dazu neigt, seine Blöße zu verbergen und nach außen hin den Schein einer standesgemäßen Lebenshaltung aufrechtzuerhalten (...).
Die Welt urteilt ja immer nur nach dem, was sie bei oberflächlicher Betrachtung sieht; wie die hohen Berge am stärksten ins Auge fallen, so sind es die Spitzeneinnahmen einiger Kassenlöwen und einer ganz dünnen Oberschicht in der Privatpraxis, die immer noch suggestive Kraft ausüben.'[245]

Der Schlüsselbegriff für die Einkommenshöhe der Ärzte war „standesgemäße Lebenshaltung", wobei diese nur über eine Kombination aus Einnahmen der Privatpraxis und den Kassenarzthonoraren erreicht werden konnte. „Früher", und für die meisten Autoren des Ärzteblattes galt dies auch in den Jahren der Weimarer Republik, überwog der Anteil der Privatpraxis den der Kassenpraxis bei weitem:

„Neben der praxis aurea hatte man nun auch eine praxis cuprea, von der man seine Zigarren, vielleicht aber auch die Erziehung eines Kindes, eine Urlaubsreise mit den Seinen bestreiten

243 Scheyer 1927 (Anm. 236), S. 38.

244 Vollmann: Um die Freiheit des ärztlichen Berufes. In: ÄVBl. Nr. 1326 (11.11.1924), Sp. 373-376, Sp. 375.

245 Vollmann: Am Jahresende. DÄBl. Nr. 1 (1.1.1932), S. 1-3, S. 2.

konnte. Niemand ahnte, daß man ein knappes Menschenalter später die ganze Existenz aus den Kupferpfennigen der Kassenhonorare (...) würde zusammenscharren müssen.'[246]

Für die 1920er Jahre galt für die durchschnittliche Arztpraxis ein Verhältnis der Kassen- zu den Privatpraxiseinnahmen von ungefähr vier zu eins[247]. Die vom Leipziger Verband veröffentlichten Statistiken über das ärztliche Einkommen dagegen bezogen sich zumeist auf die Kassenhonorare. Weder die regional oft sehr beträchtlichen Unterschiede der Gebührensätze für Kassenbehandlung wurden berücksichtigt, noch wurde der Anteil der Kassenpraxis an den Gesamteinnahmen offengelegt.

Weniger verschleierte Zahlen finden sich dagegen dort, wo in anderem Zusammenhang Einkommenshöhen und -vergleiche mit anderen Berufsgruppen angesprochen wurden. Daß in der Zeit kurz vor dem Ersten Weltkrieg rund 90 Prozent der Bevölkerung über ein jährliches Einkommen von unter 2500 Mark verfügten, erfährt man von *Plaut*, als dieser gegen die Erhöhung der Pflichtversicherungsgrenze durch die Reichsversicherungsordnung 1914 argumentierte. Was dagegen als „Existenzminimum" eines Arztes anzusehen sei, erläuterte er in einem früheren Kapitel:

„Da diese [die Ärzte – G.M.] eine bessere Lebenshaltung gewohnt sind als die Arbeiter, und ein zu niedriges Einkommen das Verantwortlichkeitsgefühl gefährden würde, so werden wir sagen können, daß für sie das Existenzminimum etwa auf der Höhe des Einkommens eines Oberlehrers liegt (...) Wir können demnach ein Einkommen von 6-7000 M. als Minimum dessen ansehen, was ein Arzt aus der Praxis einnehmen sollte. Daraus erhellt, daß, rein kaufmännisch gesprochen, etwa die Hälfte der deutschen Ärzte mit Unterbilanz arbeitete, oder eine Lebenshaltung zu führen gezwungen war, die ihrem Stande und ihrer Bildung nicht entsprach.'[248]

Eine Gegenüberstellung der steuerlich erfaßbaren Einkommen im Jahr 1928 ergab folgendes Bild (vgl. Tabelle III): In den untersten Einkommensstufen mit 100 bzw. 250 Mark Monatsverdienst fanden sich 88,7 Prozent der steuerpflichti-

---

[246] Willy Hellpach: Gründe und Grenzen, Bewährung und Entartung der öffentlichen Fürsoge am kranken Menschen. In: ÄVBl. Nr. 25 / 1599 (Sonderheft Ärztetag, 1.9.1929), S. 37-46, S. 40 f.

[247] Vgl. Tobis 1930, S. 80-85. Er führte als Hauptursachen der „ungünstigen wirtschaftlichen Lage der deutschen Aerzte" neben berufsspezifischen Entwicklungen die allgemeine Krise der Nachkriegszeit an, die sich durch „die materielle Einstellung der Menschen", die „Ausdehnung der Großbetriebe" sowie die „Überschätzung der körperlichen und eine Unterschätzung der geistigen Arbeit" audrücke (S. 79 f.).

[248] Plaut 1913, S. 56; das durchschnittliche Bevölkerungseinkommen s. S. 219.

gen Bevölkerung[249], aber nur rund 9 Prozent der Ärzte. Die dritte bis zehnte Einkommensstufe dagegen schließt nur rund 11 Prozent der Bevölkerung, aber rund 91 Prozent der Ärzte ein.

Tabelle III: Vergleich der steuerlich erfaßbaren Einkommen 1928

Jahresverdienst	Gesamtbevölkerung	Ärzte
bis 1.200 M	54,5 %	3,65 %
bis 3.000 M	34,2 %	5,24 %
bis 5.000 M	6,8 %	8,43 %
bis 8.000 M	2,6 %	14,32 %
bis 12.000 M	0,8 %	24,84 %
bis 16.000 M	0,3 %	18,35 %
bis 25.000 M	0,25 %	17,73 %
bis 50.000 M	0,14 %	6,62 %
bis 100.000 M	0,04 %	0,74 %
über 100.000 M	0,01 %	0,08 %

Quellen: Wirtschaft und Statistik 1932, H. 8 (Ärzte); zit. n. Hadrich 1955, S. 149, und Statistisches Jahrbuch für das Deutsche Reich 1941/42, S. 606; zit. n. Petzina u.a. 1978, S. 105.

Eine andere Quelle aus dem Jahr 1931 wies deutlich höhere Ärzteeinkommen aus. *Weisenberg*, der auf dem Ärztetag eine Resolution über „Die Not der Grenzlandärzte" eingebracht hatte, erläuterte den Delegierten die schlechte Finanzsituation der Ärzte in den Ostprovinzen: Während das Brutto-Kassenhonorar *„im Reichsdurchschnitt bekanntlich 15.000 Reichsmark beträgt"*, hätten die „Grenzlandärzte" durchschnittlich nur Kasseneinnahmen in Höhe von 10.000 Mark. Dies sei doppelt bitter, weil *„im Osten eine Kompensation der ärztlichen Einkommen durch Einnahmen aus der Privatpraxis in nennenswertem Umfange nicht möglich ist"*.[250] Die dortigen Kleinlandwirte und Landarbeiter seien nicht einmal in der Lage, die Beiträge der gesetzlichen Krankenversicherung aufzubringen, kamen daher erst recht nicht für die teurere Privat-Konsultation in Frage.

---

249 Bei Einkommen unter 900 Mark jährlich entfiel die Steuerpflicht. Bei *Heisenberg* wird für 1931 die Quote von 329 Steuerpflichtigen auf 1000 Einwohner im Reichsdurchschnitt genannt, im Osten läge sie nicht einmal halb so hoch.

250 Weisenberger: Die Not der Grenzlandärzte. In: DÄBl. Nr. 25 (Sonderheft Ärztetag, 1.9.1931), S. 32-34, S. 33. Zum Vergleich: Für 1929 ermittelte Wilhelm Hanauer als durchschnittliches Jahreseinkommen eines gelernten Arbeiters 2736 Mark, eines ungelernten Arbeiters 2112 Mark und für einen Angestellten 3204 Mark (Ders.: Lebenshaltung aus Fürsorge und Erwerbstätigkeit. In: DÄBl. Nr. 35 (11.12.1931), S. 468).

Mit „Proletarisierung des Ärztestandes" konnte also kaum materielle Verelendung des Arztes gemeint sein. Der Begriff bezeichnete Bestrebungen, die freiberufliche Arzttätigkeit einzugrenzen und stärkere Kontroll- und Aufsichtsmöglichkeiten zu verankern. Schon die Tatsache, daß die Kassenvorstände in der Lage waren, in das ärztliche Einkommen „hineinzuregieren" – im Zuge der geplanten Kostendämpfung im Gesundheitswesen wurde 1929 von den Kassen sogar eine Begrenzung der Zahl der täglichen Kassenbehandlungen gefordert – gefährdete die Grundfesten des freien Berufs, die ein bayerischer Standesvertreter folgendermaßen zusammenfasste: „*Solange der ärztliche Beruf ein freier Beruf ist, muß er die Möglichkeit haben, unbegrenzt zu verdienen. Der Arzt darf doch Kranke, die zu ihm kommen, nicht abweisen, sonst handelt er vertragswidrig. Eine Pauschale ist abzulehnen.*'[251]

Das Gegenbild zum freien Arzt war daher der „Sozialbeamte", dessen Berufstätigkeit gekennzeichnet sei durch Beschränkung der Verdienstmöglichkeit, Ausschaltung des „Berufseifers, seiner durch die Konkurrenz aufgestachelten Willenstätigkeit" und den völligen Verlust „der Individualität des einzelnen Arztes": „*Der Eintritt in eine solche Änderung der Gesamtlage des Standes würde für die Mehrheit unserer Standesgenossen ein Hinabgleiten in das Proletariat bedeuten; eine Entwurzelung der ärztlichen Kultur und des ärztlich-wissenschaftlichen Niveaus wäre dabei unvermeidbar.*'[252]

2.2. Die Arzt-Patienten-Beziehung in der Krankenversicherung und das ärztliche Berufsethos

Die staatliche Sozialpolitik der Versicherungen gegen verschiedene, die Existenz bedrohende Risiken wie Krankheit, Invalidität oder Arbeitsunfähigkeit infolge Alters hatte für das individuelle Arzt-Kranken-Verhältnis weitreichende Konsequenzen. Während der private Kranke, der sich den Arzt seines Vertrauens frei unter verschiedenen ortsansässigen „Heilkundigen" auswählte, ihm allein dadurch schon eine gewisse Wertschätzung seiner Leistung vermittelte und diese in aller Regel auch angemessen honorierte, wurde durch die gesetzliche Krankenversicherung die rein individuelle Beziehung erweitert. Der versicherte Kranke war Mitglied einer Gemeinschaft und in dieser Funktion hatte er Anspruch auf ärztliche Hilfeleistung; er entlohnte den Arzt nicht persönlich für dessen Bemühungen, sondern seine Versicherungskasse erledigte die finanzielle Abwicklung mit dem behandelnden Arzt.

---

251 Herd: 11. Bayerischer Aerztetag in Regensburg am 6. und 7. September. In: ÄVBl. Nr. 28 / 1502 (1.10.1929), Sp. 639-640, Sp. 640.

252 Walder: Die Krise des Aerztestandes und die Sozialhygiene. In: DÄBl. Nr. 9 (21.3.1930), S. 104-105, S. 105.

Für die Konstituierung der Arzt-Krankenkassen-Beziehung wurde die traditionelle, auf persönlichem Vertrauensverhältnis basierende Individualbeziehung um eine gesellschaftliche (soziale) Komponente ergänzt: Interessant wurde die Einstellung der Ärzte zur Sozialpolitik, die ihnen zwar zusätzliche und sehr umfangreiche neue Schichten von Kranken zugeführt hatte, die ihnen aber sowohl von ihrer Lebenssituation her fremd waren und in ihrer politischen Haltung auch sogar feindlich gegenüberstanden. Für letzteres schien besonders *Bismarcks* Intention zu zeugen, denn durch die soziale Gesetzgebung sollten die Arbeiter ihren „staatsgefährdenden Umtrieben" entfremdet werden, um sich positiv in den Staat zu integrieren.

Die Honorarhöhe der Krankenbehandlung beim einzelnen Versicherten – sie lag deutlich unter derjenigen der Privatbehandlung – legte offensichtlich einigen der älteren Ärzte den Vergleich der Kassenpraxis mit der kommunalen Armenpraxis nahe, die von einem angestellten Arzt versehen wurde. Außerdem hatte der Kurierzwang die unentgeltliche Behandlung der Armen-Kranken jedem privaten Arzt zur Pflicht gemacht. Diese Tätigkeit wurde zwar nur ungern und notgedrungen ausgeübt, diente aber vor der Öffentlichkeit als Beweis für eine besonders hochstehende Moral und altruistische Berufsauffassung:

„Die Sache lag zunächst doch so: die Ärzte, in ihrer Existenz gesichert durch die Privatpraxis, erklären sich, aus dem Gefühl heraus, verschenken zu können, bereit, die unbemittelten Schichten des Volkes zu ganz geringen Sätzen zu behandeln. Genau wie alle Ärzte vorher und nachher diesen oder jenen Menschen, auch ohne Armenarzt zu sein, umsonst behandelt haben.'[253]

Mit der Einführung der Krankenversicherung, der Einbeziehung weiter Kreise der Bevölkerung in die Pflichtversicherung *„dreht (e) sich aber der Spieß, und aus den Herren wurden Knechte*"[254], d.h. die Ärzte gerieten in wirtschaftliche Abhängigkeit von den Kassen. Während sie selbst die Tätigkeit für die Kassen als „halbcharitative [sic] Mitarbeit"[255] aufgefaßt hätten, wäre deutlich geworden, daß die Kassenärzte *„den Kundenkreis der übrigen Aerzte noch mehr einengten*".[256] „Früher" – so Julius

[253] Erwin Liek: Der Arzt und seine Sendung. Gedanken eines Ketzers. München 1926 (1. Aufl.), S. 54.

[254] Ebd. Auch für den Medizinhistoriker Schadewaldt wurde „aus der humanitären oder traditionellen Gründen betriebenen Armenpraxis (...) eine conditio sine qua non für neu niedergelassene Ärzte, die sich in nicht sehr wenigen Fällen einer recht rüden und zum Teil herabsetzenden Behandlung durch die immer stärker werdenden Kassenvorstände ausgesetzt sahen" (Schadewaldt 1975, S. 25).

[255] Vollmann: Dem Hartmann-Bund zum Gruss! In: ÄVBl. Nr. 1356 (11.9.1925), Sp. 387-392, Sp. 387 f.

[256] Stauder: Aerztliche Standesehre und Ehrengerichte. In: ÄVBl. Nr. 1315 (21.7.1924), Sp. 237-240; Sp. 239.

Hadrich – sei der Arzt Berater und Helfer des „einfachen Mannes" gewesen. Jener hätte die billigere oder unentgeltliche ärztliche Leistung um so höher geschätzt, je weniger er in der Lage gewesen sei, auch nur annähernd den vollen Honorarsatz zu bezahlen. Die Krankenversicherung habe nun dieses „menschlich schöne Verhältnis" grundlegend verändert:

„Aus dem Retter und Helfer in höchster Not wurde ein Erfüllungsgehilfe der Krankenkasse, der verpflichtet war, beizuspringen, gleichgültig, ob das Honorar noch so niedrig war. Man hielt es für ein nobile officium des Arztes, mitzuwirken an der sozialen Krankenversicherung.'[257]

Die niedrige Vergütung habe bei den Kassenärzten das Phänomen der „Massenabfertigung" hervorgerufen, weil *„aus lauter Pfennigeinkünften (...) das gewöhnte Einkommen eines studierten Mannes der gesellschaftlichen Mittelschicht'*[258] nur zu summieren sei, wenn die ärztliche Leistung diesem Lohn angepaßt werde, d.h. wenn sie möglichst wenig zeitintensiv sei. Für die Bezahlung dieser Tätigkeit sei daher auch der Begriff „Honorar" völlig unpassend, wie Albert *Niedermeyer* noch 1954 konstatierte und dozierte:

„Das ärztliche Entgelt wird als ‚Honorar' (von Honorarium = Ehrensold) bezeichnet, um damit zum Ausdruck zu bringen, daß es sich um gehobene Leistungen handelt, deren Wert in Geld nicht ausdrückbar ist, so daß das ‚Entgelt' nur den Charakter einer Ehrengabe trägt. Die Bezeichnung ‚Honorar' auf die kassenärztlichen ‚Entgelte' anzuwenden, ist sinnwidrig.'[259]

Eine ebenso problematische Veränderung in der ärztlichen Tätigkeit wie die Honorarhöhe und der daraus abgeleitete „Zwang zur Massenbehandlung" schien für viele der älteren Ärzte der Rechtsanspruch auf ärztliche Behandlung zu sein, den der Krankenschein dokumentierte. Für Erwin *Liek* war die Tatsache, *„daß der Krankenschein dem Kassenmitgliede ein Recht gab auf meine ärztliche Leistung'*[260], so unerträglich, daß er die Kassenpraxis aufgab und sich nur noch seiner Privatklientel widmete.

Daß die Krankenkassen nur ärztliche Behandlung und Arznei- oder Heilmittel als „Naturalleistungen" an die Versicherten abgeben durften, war erst 1890 gesetzlich fixiert worden. In der Novelle des Krankenversicherungsgesetzes war als § 182 eingefügt worden, daß nicht, wie in den freien Hilfskassen üblich, den Kranken eine höhere Barsumme an Krankengeld ausbezahlt werden dürfe, die

---

257 Julius Hadrich: Die Arztfrage in der deutschen Sozialversicherung. Berlin/West 1955, S. 77 f.

258 Hellpach 1929 (vgl. Anm. 243), S. 41.

259 Albert Niedermeyer: Ärztliche Ethik (Deontologie). Grundlagen und System der ärztlichen Berufsethik. Wien 1954, S. 184.

260 Liek 1926, S. 48.

diesem im Krankheitsfall zur eigenverantwortlichen Verwendung zur Verfügung stand. Diese Festschreibung einer „Naturalleistung" in Form medizinischer Behandlung durch den approbierten Kassenarzt lag nicht zuletzt auch im Interesse der Ärzte, denn damals, wie *Vollmann* rückblickend formulierte, hätten die Versicherten der ärztlichen Leistung „nur geringe Wertschätzung" entgegengebracht.[261] Denkbar ist auch, daß die Kassenmitglieder sich eher an nicht-akademisch ausgebildete Heilkundige wandten oder mit dem zusätzlichen Geld der Kasse zunächst die völlig unzureichende alltägliche Lebenssituation aufzubessern versuchten, indem sie zusätzliche Nahrungsmittel für sich und ihre Familie erstanden.

In der Teuerungsphase 1922 unternahm die Regierung auf Drängen der fast zahlungsunfähig gewordenen Kassen den Versuch, den § 182 aus der RVO zu streichen. Entgegen der vielfältigen Kritik an der Kassen-Krankenbehandlung entdeckte der Ärztestand über alle politischen Differenzen hinweg[262] nun die große Bedeutung der „Naturalleistung ärztliche Hilfe" für die Volksgesundheit. In einer wirtschaftlichen Krisenzeit wie der gegenwärtigen sei es nur zu wahrscheinlich, daß noch weniger als zuvor der „sachkundige bat des Arztes" eingeholt werde, *„weil wir jetzt weit ungünstigere Verhältnisse auf den Gebieten des Ernährungs- und Wohnungswesens, der Bekleidung, Reinlichkeit und Heizung haben als ehedem"*, mutmaßte ein bekannter Sozialhygieniker.[263]

Während bei Alfons *Fischer* durchaus Verständnis für die Situation der Kassenmitglieder spürbar war, abstrahierten andere Ärzte völlig von der sozialen Lage. Ihre Befürchtungen orientierten sich in die Richtung, daß der Kranke das Geld nicht „sachverständig" ausgeben würde und entweder für Nahrungs- oder Genußmittel oder gar für die Behandlung durch einen „Kurpfuscher" ausgeben werde: *„Tritt an Stelle der Betreuung und Behandlung durch den allein verantwortungsfähigen Arzt eine Geldzahlung, so ist in hohem Masse die Gefahr gegeben, dass man wartet, ‚ob es nicht auch so ginge', dass man unbefugte und billigere Helfer aufsucht.'*[264]

Dank der Geschlossenheit des Ärztestandes in dieser Frage war der Kampf der Ärzte für die Beibehaltung des § 182 RVO erfolgreich. Letztlich sei es gelungen,

---

261 Vollmann: Die ärztliche Behandlung in der Krankenversicherung einst und jetzt. In: ÄVBl. Nr. 1274 (23.1.1323), Sp. 15-17, Sp. 16.

262 Der Versuch, den § 182 RVO abzuschaffen, war einer der seltenen Anlässe, bei denen auch prominente Ärzte, die politisch zur Sozialdemokratie tendierten, um eine Stellungnahme gebeten wurden, beispielsweise der Düsseldorfer Pädiater Arthur Schlossmann.

263 Alfons Fischer: Was die Sozialhygieniker zu dem Kampf um den § 182 der Reichs-V.O. sagen. In: ÄVBl. Nr. 1273 (3.1.1923), Sp. 3-4, Sp. 4.

264 Von Drigalski: Was die Sozialhygieniker zu dem Kampf um den § 182 der Reichs-V.O. sagen. In: ÄVBl. Nr. 1273 (9.1.1923), Sp. 3.

„die unheilvollen Folgen" abzuwenden, *„die eine Lockerung der gesetzlichen Pflicht zur Gewährung freier ärztlicher Behandlung in der Krankenversicherung nach sich ziehen würde"*[265]: *„Es wäre dach eine wahre Ironie auf eine vernünftige Gesetzgebung, wenn eine Errungenschaft, die als sozialhygienischer und fürsorgerischer Fortschritt vor 30 Jahren gepriesen worden war, in neuer Zeit wieder preisgegeben würde, wo mehr als je zuvor die Notwendigkeit besteht, die Gesundheit und Arbeitskraft des erwerbstätigen Volkes als wichtigstes nationales Kapital zu hüten und zu bewahren."*[266]

Die Bewertung der Sozialversicherung als „sozialhygienischer und fürsorgerischer Fortschritt" bezog sich demnach mindestens zu gleichen Teilen auf die Verdrängung der Laienmedizin aus der Kassenbehandlung mit der garantierten Abnahme und Bezahlung ärztlicher Leistungen durch die Kassen wie auf die Verbesserung der gesundheitlichen Lage der versicherten Menschen. In der Folgezeit verschärften sich die Fronten zwischen die Sozialversicherung befürwortenden und ablehnenden Ärzten, wobei im Zentrum der Debatte die Frage stand, ob in einer schlechten ökonomischen Situation sich die Aufrechterhaltung des bestehenden Systems sozialer Sicherung lohne, oder ob den „Soziallasten", die die Gesellschaft und die Wirtschaft zu tragen habe, nicht ein zu geringer Nutzen der Sozialversicherung gegenüberstehe. Von der Beantwortung dieser politisch zu entscheidenden Frage, ob überhaupt und wenn ja, wieviel man den armen Kranken an Existenzsicherung zubilligen wollte, hing auch die Sichtweise dieser „neuen Klientel" des Ärztestandes ab.

Einigkeit unter den die Sozialversicherung in ihrer derzeitigen Gestaltung befürwortenden Ärzten bestand hinsichtlich des Zwangscharakters, d.h. man teilte die Auffassung, daß Arbeiter oder andere Angehörige unterer Lohnschichten versichert werden müßten, weil sie aus freien Stücken weder einer freien Hilfskasse noch der gesetzlichen Krankenversicherung beitreten würden. Sinn und Nutzen der zwangsweisen Krankenversicherung erläuterte Willy *Hellpach* in seinem Festvortrag auf dem Ärztetag 1929 in Essen, wobei mit seinem Vortrag – wie der Vorsitzende des gastgebenden Essener Ärztevereins einleitend bemerkte – *„zum erstenmal in der Geschichte des Deutschen Aerztevereinsbundes (...) Fühlung mit der schaffenden Bevölkerung"* genommen wurde[267]:

„Die ganze Volksschicht, die am Rande des Existenzminimums ihr Dasein fristet oder noch unter dem Existenzminimum dahinvegetiert, dahindarbt, bedarf, solange man sie nicht aus der Welt zu schaffen vermag, der Zwangsversicherung gegen Gesundheitsschäden. (...) Denn diese

265 Schriftleitung. In: ÄVBl. Nr. 1273 (9.1.1923), Sp. 1.

266 Vollmann: Die ärztliche Behandlung in der Krankenversicherung einst und jetzt. In: ÄVBl. Nr. 1274 (23.1.1923), Sp. 15-17, Sp. 17.

267 Bruns: Dem 48. Deutschen Aerztetag zum Gruß! In: ÄVBl. Nr. 18 / 1492 (21.6.1929), Sp. 305-400, Sp. 395.

Aermsten sind zugleich die Stumpfen, die aus ihrer Not herauszureißen außerordentlich schwierig und meist vergebliche Liebesmüh ist (...) Hunderttausende würden zu indolent sein, um vom Recht auf Staatskrankenhilfe schon in gesunden Tagen Gebrauch zu machen. Alle sozialhygienischen Gefahren beständen fort. Nur der Zwang zur Versicherung vermag diese Teile der Versicherung zuzuführen. So war es 1883 und so ist es 1929.'[268]

Zwar erkannte *Hellpach* auch ein „humanitäres oder christliches Postulat" für eine Versorgung der Unterschichten mit ärztlicher Hilfe an. In seiner Interpretation der Gründe, die zur Einführung der Krankenversicherung geführt hatten, waren die ethischen Postulate von untergeordneter Bedeutung, gegenüber denen die „sozialmedizinische Notwendigkeit" überwogen: *„Denn es wuchs, je größer die besitzlosen und damit im Erkrankungsfall arztlosen Massen wurden, es wuchs die Gefahr fürs Ganze.*'[269]

Die Notwendigkeit der Zwangsversicherung gegen Gesundheitsschäden für die „stumpfen" und „besitzlosen Massen" begründete *Hellpach* nicht mit einem individuellen Anrecht auf Wohlergehen und Gesundheit des einzelnen Kranken. Sein Blick auf die versicherten Kranken richtete sich von oben auf eine „Masse", die eine potenzielle sozialhygienische Gefahr verkörperte. Bezogen werden konnte das zum einen auf die vor allem in den Arbeitervierteln grassierenden ansteckenden Krankheiten, die sich dort aufgrund der schlechten hygienischen Situation und der mangelhaften Ernährungslage besonders rasch ausbreiten konnten; hier konnte durch die Schaffung der Möglichkeit früher Inanspruchnahme ärztlicher Hilfe die Situation entschärft werden.

Zum anderen ergab die Koppelung von sozialhygienisch-medizinischer Bedrohung mit der politischen Dimension der Besitzlosigkeit der angesprochenen Massen im doppelten Sinn eine „Gefahr fürs Ganze". Mit dem Anwachsen der besitzlosen Massen in den Städten wuchs die Gefahr ihrer Organisierung und des Klassenkampfes, auf die *Bismarck* mit seinem Konzept der integrativen Staatsbürgerversorgung prophylaktisch hatte reagieren wollen:
„Als Bismarck das erste der sozialen Gesetze einbrachte, dachte er vor allem staatspolitisch. Er sagte sich, ein Land von der unglücklichen geographischen Lage Deutschlands kann sich neben dem konfessionellen Hader, neben Partikularismus und anderen Dingen nicht auch noch den Klassenkampf, den inneren Zwist, gestatten. Nun, Bismarck, ein Genie, hat sich in dieser Beziehung gründlichst getäuscht. Der Klassenkampf wütet wie nie zuvor, die Sozialversicherung hat sich nicht, wie Bismarck erhoffte, als ein Bollwerk gegen den Sozialismus erwiesen, sondern sie ist im Gegenteil einer der stärksten Pfeiler des Sozialismus geworden.'[270]

268 Hellpach 1929 (vgl. Anm. 243), S. 40.
269 Ebd.
270 Erwin Liek: Redebeitrag zu „Die Stellung des Arztes zur Sozialversicherung". In: ÄVBl. Nr. 25 / 1499 (Sonderheft Ärztetag, 1.9.1929), S. 32-33, S. 32.

Die entgegengesetzte Auffassung, daß die staatliche Sozialpolitik sehr wohl die Integration der Arbeiter in den Staat gefördert habe, vertraten am deutlichsten die bürgerlichen Sozialreformer im Umfeld des „Vereins für Sozialpolitik" oder der „Gesellschaft für soziale Reform".[271] Vor allem am vorbildlichen Einhalten des „Burgfriedens" im Ersten Weltkrieg[272] und in dem *„Kraftfonds, den die Vorkriegssozialpolitik offenbar in der Arbeiterschaft gelegt hatte"*, sahen führende Sozialreformer wie Ludwig *Preller* eine „nachträgliche glänzende Rechtfertigung"[273] ihrer sozialpolitischen Orientierung. Der Zwang zur Rechtfertigung dieser Position deutete allerdings auf einen starken Legitimationsdruck hin, den *Heyde* zurückhaltend als „sozialpolitische Müdigkeit" weiter Kreise des Bürgertums beschrieb:

„Gerade die Häufung sozialpolitischer Gesetze in den letzten Jahren hatte überdies (parallel zum Ansteigen des Organisationsgrades der Arbeiterbewegung und den parlamentarischen Erfolgen der SPD – G.M.) das Gefühl der Beunruhigung über die Lasten, die dem Mittelstand aus dem Ausbau der Sozialgesetzgebung erwuchsen, erheblich verstärkt (...) Gegenüber dieser sozialpolitischen Müdigkeit stand die Arbeiter- und Angestelltenschaft mit ihrem ungebrochenen Willen, neue Erfolge zu erkämpfen."[274]

Erster Weltkrieg, Revolution und die erste Phase der Orientierung in der Weimarer Republik hatten diese Debatte bis ungefähr Mitte der 1920er Jahre unterbrochen. Mit der Stabilisierung 1924/25 setzte eine erneute Diskussion um den Umfang öffentlicher Sozialpolitik ein, die den Nutzen der „Soziallast" mit den Kosten – hier war hauptsächlich der Arbeitgeber-Anteil der Beiträge zur Sozialversicherung gemeint – verrechnen wollte. *Preller* bezeichnete diese Situation als „Sozialpolitik in der Schwebe"[275].

---

271 Vgl. u.a. F. Boese: Geschichte des Vereins für Sozialpolitik. Berlin 1938. Für die Weimarer Republik s. Günther Schulz: Bürgerliche Sozialreform in der Weimarer Republik. In: R. vom Bruch (Hg.), „Weder Kommunismus noch Kapitalismus". Bürgerliche Sozialreform in Deutschland vom Vormärz bis zur Ära Adenauer. München 1985, S. 181-217.

272 So z.B. Heyde 1923, der die „Suspendierung der Klassenkämpfe" eindeutig aus der „bis zum Kriege geleistete(n) Sozialpolitik" ableitete (S. 52).

273 L. Preller: Sozialpolitik in der Weimarer Republik, Kronberg/Ts u, Düsseldorf 1978 (zuerst 1949); S. 81.

274 Heyde 1923, S. 51. Vgl. a. Karl Erich Born: Staat und Staatspolitik seit Bismarcks Sturz. Ein Beitrag zur Geschichte der innenpolitischen Entwicklung des Deutschen Reiches 1890-1914. Wiesbaden 1957. Born und Heyde weisen auf die deutlich wahrnehmbare Abkehr der jüngeren Generation von Nationalökonomen von der sozialreformerischen Linie der „Kathedersozialisten" hin. In diesem Zusammenhang ist auch die vom Berliner Ordinarius für Nationalökonomie, Ludwig Bernhard, 1912 konstatierte „Rentenhysterie" in der Arbeiterschaft als „unerwünschte Folge der Sozialpolitik" zu sehen, die in der Weimarer Republik erneut große Breitenwirkung erzielte.

275 Zur Übersicht vgl. das so betitelte Unterkapitel bei Preller 1978, S. 296-332.

Während sich einzelne Ärzte bereits seit kurz nach der Jahrhundertwende zu der Frage äußerten, ob die Versicherungsgesetzgebung, abgesehen von den Konsequenzen für die ärztliche Berufstätigkeit, weitere unerwünschte oder „volksschädigende" Wirkungen bezüglich der Arbeitsmoral zeitige[276], existierte bis 1929 keine offizielle Stellungnahme eines Ärztetages zum Prinzip Sozialversicherung. Erst zehn Jahre nach Beendigung des Ersten Weltkrieges legte der Geschäftsausschuß des Ärztevereinsbundes den Delegierten „Die Stellung des Arztes zur Sozialversicherung" zu einer grundsätzlichen Beschlußfassung vor. Im Gegensatz zu den lediglich an fünfter Stelle der Tagesordnung des Ärztetages 1924 aufgeführten „Forderungen und Vorschläge zur Reform der Sozialversicherung"[277], damals schon vom Vorsitzenden des Leipziger Verbandes, Paul *Streffer*, vorgetragen, räumte man fünf Jahre später in Essen dem Thema Priorität ein. In der Aussprache zum Thema, für das man aufgrund der erwarteten lebhaften Diskussionen und Kontroversen den gesamten Nachmittag des ersten Verhandlungstages freigehalten hatte, äußerte sich keiner der Redner grundsätzlich positiv zur Sozialversicherung. Ein verbales Bekenntnis zu ihr fand sich zwar auch in der einstimmig verabschiedeten Entschließung, aber durch nachfolgende Einschränkungen und Forderungen bezüglich der Stellung der Ärzte in der Sozialversicherung wurde die Zustimmung faktisch Makulatur:

„Der 48. Deutsche Aerztetag in Essen bekennt sich zu der Ueberzeugung von der Notwendigkeit einer Sozialversicherungsgesetzgebung für das deutsche Volk, soweit es eines solchen gesetzlichen Schutzes bedarf und soweit die deutsche Wirtschaft die damit verbundenen Lasten zu tragen vermag (...)" ‚Wesentliche Änderungen' seien jedoch vorzunehmen *„unter grundsätzlicher Aufrechterhaltung der Forderung nach gesetzlicher Festlegung des Systems der organisierten freien Arztwahl und Schaffung einer Reichsärzteordnung neben dem Erlaß einer Deutschen Aerzteordnung; die Ausdehnung der Sozialversicherung durch Hereinnahme neuer Schichten des Volkes und Erhöhung der Versicherungspflichtgrenze (sei) ebenso wie die Einführung von Kontrollärzten abzulehnen."*[278]

---

[276] Quincke (Kiel) hatte bereits 1905 in der „Schlesischen Zeitung" die Negativfolgen der Sozialversicherung zusammengefaßt: „Ihre Handhabung ist schwierig, ihre Wirkung auf den Charakter schwächend und demoralisierend"; sie setze den „Lebenskampf" außer Kraft und negiere die Devise: „Hilf dir selbst, so wird dir Gott helfen" (zit. n. Liek: Soziale Versicherungen und Volksgesundheit. Langensalza 1929 (= Friedrich Mann's Pädagogisches Magazin H. 1278), S. 15.

[277] Die damals debattelos angenommenen Leitsätze *Streffers* hatten, nach *Vollmanns* Bericht, „nicht allein eine Besserung der ärztlichen Stellung innerhalb der Sozialversicherung" zum Ziel, sondern sollten Anleitung dafür sein, „um mit den einfachsten Mitteln das Ziel des Gesetzes, die gesundheitliche Wohlfahrt der beteiligten Volkskreise, aufs erspriesslichste zu fördern" (Vollmann: Vor dem 43, Deutschen Aerztetag in Bremen. In: ÄVBl. Nr. 1311 (11.6.1924), Sp. 185-189, Sp. 188 f.

[278] Abgedruckt b. Vollmann: Vom 48. Deutschen Aerztetag in Essen. In: ÄVBl. Nr. 20 / 1494 (15.7.1929), Sp. 475-490, Sp., 486.

Mit dieser Stellungnahme zur Sozialversicherung erkannte der Ärztestand den grundlegenden Primat der Wirtschafts- vor der Sozialpolitik an: Sozialleistungen seien nur dann finanzierbar, wenn es der deutschen Wirtschaft gut gehe, wobei diese selbst über das diesbezügliche Definitionsmonopol verfügen sollte und einen erwirtschafteten Überschuß zum Verteilen für soziale Zwecke erkennen konnte:

„In diesem Sinne sind auch gewichtige Stimmen aus den Kreisen der Arbeitgeber, die sich für die deutsche Wirtschaft verantwortlich fühlen, nicht für die Aufhebung, wohl aber für eine vernünftige Begrenzung der Sozialversicherung und damit für eine Herabminderung ihrer Kosten laut geworden, während z.B. der Vorstand und der Beirat des Hauptverbandes deutscher Krankenkassen eine solche offenbar nicht für nötig halten."[279]

Die Kassen versuchten lediglich, „besonders edel und menschenfreundlich (zu) klingen", wenn sie nur von den positiven Seiten der Sozialversicherung sprächen und dabei von „sozialem Oele"[280] trieften. Nach Auffassung weiter Teile des Ärztestandes aber seien die Ärzte selbst diejenigen, die als Experten in Gesundheitsfragen sowohl das gesamte Versicherungssystem überhaupt funktionsfähig hielten, wie auch das richtige Ausmaß der Versicherungsleistungen am besten beurteilen könnten. Bisher hätten die Ärzte jedenfalls dieser Aufgabe genüge geleistet:

„Tag für Tag stürmt das gewaltige Heer der Krankengeldbegehrenden gegen die gesamte deutsche Ärzteschaft an, welche dasteht wie eine Mauer und alle ihre gute, frische Kraft damit verschwenden muß, diesen Ansturm abzuwehren. Nur dem Opfergeist und der Unermüdlichkeit der deutschen Ärzteschaft in diesem Kampfe ist es zuzuschreiben, daß das morsche System der heutigen Sozialversicherung nicht schon längst zusammengebrochen ist."[281]

In den heftigen Auseinandersetzungen um Erhalt, Abbau oder völlige Auflösung der Sozialversicherung und Ersetzung durch ein System des „Zwangssparens", von dessen Erträgen der Einzelne in Notzeiten seine Existenz fristen sollte[282], polarisierten sich auch im Ärztestand die Haltungen zur Frage der staatlichen Unterstützung der unteren Bevölkerungsschichten. Ein geringerer Teil – die sozialistischen oder sozialdemokratischen Ärzte – unterstützte das damalige Versicherungssystem oder suchte Alternativen des Gesundheitswesens, die den Be-

---

279 Streffer: Die Stellung des Arztes zur Sozialversicherung. In: ÄVBl. Nr. 25 / 1439 (1.8.1929), S. 17-29, S. 20.

280 Ebd.

281 Stappert: Krankenschein gefällig? München 1928, zit. n. Liek 1929 (vgl. Anm. 273), S. 43 f.

282 Die wichtigsten Veröffentlichungen dieser Kritiker von der rechten Seite des politischen Spektrums der Weimarer Republik sind Gustav Hartz: Irrwege der deutschen Sozialpolitik, Berlin 1923, Erwin Liek: Die Schäden der sozialen Versicherung, München 1928, und Ernst Horneffer: Frevel am Volk, Leipzig 1929.

dürfnissen der versicherten Bevölkerungskreise näherkommen sollten z.B. durch Ausbau der Versicherungsleistungen, größere Mitspracherechte in Selbstverwaltung und bei Verwendung der Sachmittel.

Der größere Teil des Ärztestandes entfernte sich aber von der uneingeschränkten Bejahung einer staatlichen Existenzsicherung sozial Schwacher. Die Sozialversicherung wurde mehr und mehr begriffen als eine Variante öffentlicher Fürsorge, die lediglich auf Kosten der Allgemeinheit bestimmte Bevölkerungsschichten mit billiger ärztlicher Behandlung und im Bedarfsfall mit Renten versorgte. Die Unterstützung der Forderung nach einer „Selbstbeteiligung" der Versicherten, die immerhin die Hälfte der Sozialversicherungsbeiträge von ihrem Lohn zu entrichten hatten, an der Krankenscheingebühr und den verordneten Arzneien, um dem Versicherten vor Augen zu führen, *„daß der Gang zum Arzt mehr bedeutet, als in die Kaschemme"*[283], belegte dies. Auch für Erwin *Liek* bildete die angeblich „kostenlose Behandlung" in der Krankenversicherung den Stein des Anstoßes. Diese bedeute immer „eine moralische Schädigung des Beschenkten"[284], die ihn zur „Maßlosigkeit" geradezu animiere: *„Auf Festen mit Freibier wird erfahrungsgemäß sehr viel mehr getrunken als auf solchen, bei denen jeder selbst bezahlt."*[285]

Auf den Ärztetagen 1925 und 1926 wurde der vom Geschäftsausschuß des Ärztevereinsbundes eingebrachte Entwurf einer „Standesordnung für die deutschen Ärzte" diskutiert, der als Vorbereitung für die immer noch ausstehende gesetzliche Regelung der Stellung des Arztes im Staat durch Erlaß einer Ärzteordnung gedacht war.[286] Im Gegensatz zur Ärzteordnung, die als Gesetz Rechtsverbindlichkeit für alle Ärzte hatte, regelte die Standesordnung das „standesgemäße" Verhalten der Mitglieder der Ärztevereine, in denen immerhin über 80 Prozent sämtlicher Ärzte organisiert waren. Verstöße gegen die in der Standesordnung aufgestellten Richtlinien für kollegiales Verhalten und öffentliches Auftreten, aber auch Verletzung der ethischen Grundsätze wie der Verpflichtung zur Hilfeleistung oder der Schweigepflicht, konnten über die ärztlichen Ehrengerichte geahndet werden.

Als „ganz selbstverständlich" setzte der Referent, Sanitätsrat *Richter*, voraus, daß die „Förderung der öffentlichen Gesundheitspflege" ein wichtiges Anliegen des

283 Finkenrath 1929, S. 85.

284 Liek 1926, S. 62.

285 Ebd., S. 51.

286 Zur Abgrenzung von Ärzte-, Standes- und Berufsordnung vgl. Brand 1977, S. 49 ff. Den Wortlaut verschiedener Entwürfe von Standesordnungen und der tatsächlich erlassenen Berufsgesetze bis in die siebziger Jahre des 20. Jahrhunderts legt die allerdings nur wenig gegliederte Dissertation von Steinhoff vor (Hagen Steinhoff: Die Einwirkungen der Deutschen Ärztetage seit ihrem Beginn 1873 auf die Entstehung, das Werden und Wachsen des ärztlichen Berufsrechts. Diss. med., Düsseldorf 1974).

Ärztestandes sei, weil er hier zeigen könne, *„dass ihm nicht einseitig sein materielles Wohl am Herzen liegt, sondern in gleicher Weise das Allgemeinwohl".*[287] Eine Verpflichtung hierzu wurde aber ebensowenig in die Standesordnung eingefügt, wie etwa ein Passus zur Sozialversicherung. In der ersten Entwurfsvorlage im Geschäftsausschuß war die „Durchführung der sozialen Gesetzgebung" als ein weiterer Aufgabenbereich ärztlicher Berufstätigkeit enthalten gewesen, aber in der auf dem Ärztetag 1925 der ärztlichen Öffentlichkeit vorgestellten Fassung fehlte dieser Absatz. Zur Begründung der Streichung führte *Richter* an, daß diese Formulierung *„als Zustimmung zur jetzigen Form der sozialen Gesetzgebung (hätte) aufgefaßt werden können"*:

„Da die Aerzteschaft eine Abänderung in wichtigen Punkten namentlich der Krankenversicherung anstrebt, kann in eine Standesordnung dieser Absatz nicht aufgenommen werden, so sehr wir Aerzte uns verpflichtet fühlen, die sozialen Wohlfahrtseinrichtungen an sich zu unterstützen und zu fördern.'[288]

Abb. 4: Geh. San.-Rat Dr. Dr. rer. pol. H.c. Alfons Stauder (Nürnberg), Bundesvorsitzender seit 1926

[287] Richter: Zum Entwurf einer Standesordnung für die deutschen Aerzte. In: ÄVBl. Nr. 1360 (Sonderheft Ärztetag, 21.10.1925), S. 8-14, S. 9.

[288] Ebd.

Auch im Entwurf der Reichsärzteordnung, die 1931 auf dem 50. Ärztetag debattiert wurde, sollte – wie *Stauder* formulierte – die Wahrnehmung von Aufgaben *„der öffentlichen Gesundheitspflege, der Gesundheitsfürsorge und der Sozialversicherung"* lediglich als „Kann-Bestimmung"[289] aufgenommen werden. Nach über drei Jahrzehnten praktischer Tätigkeit von Ärzten in der Krankenkassenbehandlung wurde diese Form der Berufsausübung von den Standespolitikern immer noch nicht akzeptiert. Verantwortung für die ärztliche Versorgung der „versicherte(n) Klasse"[290] wollte man nur übernehmen, wenn gesetzlich geregelt würde, daß der Arzt als Angehöriger eines freien Berufs von Kassenseite aus keinerlei Reglementierungen mehr unterworfen sein würde.

2.2.1. Die „Natur" des Kassenkranken

Kassenpraxis und private Krankenbehandlung unterschieden sich in ihrer alltäglichen Ausübung sehr erheblich. Während der einzelne Arzt mit dem nicht-versicherten Kranken seine Therapievorschläge in der Regel durchsprechen und dessen finanziellen Verhältnissen anpassen konnte, war der ‚Massenbetrieb' der „Warenhausbehandlung"[291] anderen Gesetzen unterwarfen. Schon die Forderung der Kassen, möglichst „rationell", also geld- und medikamentensparend zu behandeln, schränkte die therapeutische Freiheit, die „künstlerische Individualisierung"[292], unter Umständen erheblich ein. Nicht alle Arzneimittel waren bei den Kassen zur Verordnung zugelassen, die Bewilligung von längerer Freistellung von der Arbeit oder von Kuren als heilungsunterstützende Maßnahmen mußte zumindest begründet, manchmal auch erstritten werden, wenn ein Arzt sie für unerläßlich hielt, nicht aber die Kasse.

Der Hauptunterschied zwischen kassenärztlicher und privatärztlicher Krankenbehandlung lag in erster Linie darin, daß die Krankenkassen „nur die notwendige Krankenpflege zu gewähren" hatten, oder, in den Worten eines Standespolitikers: *„Es kann somit auch nicht mit einem Anschein von Recht und von niemandem verlangt werden, daß dem Kassenpatienten die gleiche Behandlung zuteil wird wie einem Privatpatienten.'*[293]

---

[289] Stauder: Die Reichsärzteordnung. DÄBl. Nr. 25 (Sonderheft Ärztetag, 1.9.1931), S. 18-29, S. 19.

[290] Eichelberg: Die Notlage der ärztlichen Jugend. In: ÄVBl. Nr. 1432 (Sonderheft Ärztetag, 21.10.1927), S. 16-23, S. 18.

[291] Herd: Vom VII. Bayerischen Aerztetag. In: ÄVBl. Nr. 1355 (1.9.1925), Sp. 376-379, Sp. 377.

[292] Ebd.

[293] Sievers („Ärztliche Mitteilungen" 1929); zit. n. Haedenkamp: Redebeitrag zu „Die Stellung des Arztes zur Sozialversicherung". In: ÄVBl. Nr. 25 / 1499 (Sonderheft Ärztetag 1.9.1929), S. 35. Die Formulierung der „notwendigen Krankenhilfe", die der Kassenarzt lediglich zu

Karl *Haedenkamp*, Schriftleiter der *„Ärztlichen Mitteilungen"* des Hartmannbundes, hatte mit dem Siever'schen Zitat auf den Vorwurf der „unsozialen Haltung" der Schriftleitung reagiert, indem er konstatierte, es sei geradezu gesetzlich gefordert, eine von Versicherten geforderte „Luxusbehandlung", wie sie manche Privatpatienten wünschten und erhielten, abzulehnen. Es liege vielmehr im Interesse der Kassenpatienten selbst, wenn der Unfug der luxuriösen Medikamentenversorgung, um die manche Privatpatienten nachsuchten, dem versicherten Kranken erspart würde.

In der Realität handelte es sich 1929 keineswegs um übermäßige Luxusmedikamentierung für Kassenkranke, sondern um die alltägliche Garantierung der „notwendigen Krankenpflege". In diesem Zusammenhang wird die zuvor zitierte Auffassung, die gesetzliche Krankenversicherung sei für den Kranken „kostenlos", interessant, denn aus dieser Annahme wurde die These abgeleitet, *„daß der Wert der ärztlichen Leistung von den Versicherten wegen des Fortfalles der Verpflichtung materieller Gegenleistung oft nur gering geschätzt"* werde[294]. Diese Auffassung geht davon aus, daß es den Kassenversicherten eigentlich möglich sei, die Wertschätzung ärztlicher Leistung durch einen adäquaten, höheren Preis auszudrücken und sie dies nicht taten, weil sie ihr Geld *„für Tabak, Südfrüchte und andere entbehrliche Sachen'*[295] auszugeben wünschten oder *„die alte sozialistische Haß- und Neidlehre'*[296] ins Spiel komme. Als weitere, für Wirtschaft, Staat und Volk weitaus folgenreichere Konsequenz dieser „Unentgeltlichkeit" der ärztlichen Leistung für Kassenpatienten, wurde weiterhin die entstehende „Begehrlichkeit" auf Versichertenseite ausgemacht. Neben dem Versuch der „Verstaatlichung" des Arztes liege der zweite Kardinalfehler der Sozialversicherung darin, dass sie nicht genügend mit der „psychologischen Einstellung eines jeden Menschen gerechnet" habe:

„Wenn man das Recht auf eine Leistung hat und braucht dafür nichts zu bezahlen, so macht man selbstverständlich von diesem Recht sehr viel mehr Gebrauch, als man das sonst tun würde. (Sehr richtig!) Das ist eine allgemeine Selbstverständlichkeit und soll nicht etwa ein Vorwurf für die versicherte Klasse sein. Das ist bei allen Menschen genau dasselbe. Ebenso ist es auch bei den Rentenansprüchen. Einer unserer geistreichsten Psychiater, Geheimrat Hoche in Freiburg, hat das schon vor dem Kriege gesagt, dass bei der sozialen Versicherungsgesetzgebung

leisten habe, stammte aus den Richtlinien des Reichsausschusses für Ärzte und Krankenkassen.

294 De Bary: Der Arzt als Gutachter. In: ÄVBl. Nr. 1462 (Sonderheft Ärztetag, 21.8.1928), S. 36-41, S. 36.

295 Erwin Liek: Soziale Versicherungen und Volksgesundheit. Langensalza 1928, S. 30.

296 Ebd., S. 31.

zu wenig auf die bei den meisten Menschen vorhandenen ‚Begehrungsvorstellungen' Rücksicht genommen wäre. '[297]

Es handelte sich bei den „Begehrungsvorstellungen" also um einen anthropologisch konstanten Faktor des menschlichen Charakters, der sogar bei einem Arzt zu finden war, wenn auch nur bei einem, *„der irgendwie versichert ist, sagen wir, gegen Unfall"*. Dann stelle selbst ein Arzt *„von dieser allgemeinen menschlichen Schwäche keine Ausnahme"* dar[298], obwohl er durch seine höhere Sittlichkeit und Moralauffassung und nicht zuletzt aufgrund der selbstgesetzten und -kontrollierten Standesregeln besser gegen das Eindringen „materialistischer" Gesinnung gefeit sei.

Den Krankenversicherten wolle aber keiner der Ärzte einen direkten Vorwurf machen, eben weil die Begehrungsvorstellungen ja „keineswegs nur auf die Arbeiter" beschränkt seien, *„als ob etwa die Arbeiter in ihrer Moral so weit unter der Moral aller anderen stünden"*.[299] Rein zahlenmäßig betrachtet stellten die Arbeiter jedoch den größten Bevölkerungsteil, der von der Krankenkassengesetzgebung herangezüchteten „Begehrlichkeit und Rentensucht"[300] betroffen war. Im Grunde sei aber die Regierung der eigentliche Adressat für die Kritik an diesen Verhältnissen, wie *Stappert* bereits 1928 in seinem Buch „Krankenschein gefällig?" herausgestellt hatte, dessen Hauptthese er auf dem Ärztetag wiederholte: *„Die Krankheitszüchtung geht nicht vom Kassenarzt aus, sondern sie geht von der Regierung aus. (Sehr richtig!).* '[301] Erwin *Liek*, ebenso als scharfer Kritiker der Sozialversicherung und

---

297 Eichelberg: Die Notlage der ärztlichen Jugend. In: ÄVBl. Nr. 1432 (Sonderheft Ärztetag, 21.10.1927), S. 16-23, S. 18. Alfred Hoche, seit 1902 Ordinarius für Psychiatrie an der Freiburger Universität, war einer breiteren Öffentlichkeit durch seine gemeinsam mit dem Juristen Karl Binding veröffentlichte Schrift „Die Freigabe der Vernichtung lebensunwerten Lebens, Ihr Maß und ihre Form" (Leipzig 1920) bekanntgeworden. Hoche schien sich als Psychiater vor und während des Ersten Weltkrieges auch mit Erscheinungsformen der sog. „Rentenneurose" befaßt zu haben, denn auf der sog. „Kriegstagung" des Deutschen Vereins für Psychiatrie 1916 legte er die – einstimmig angenommene – Resolution vor, in der die zahlreich erwarteten psychischen Erkrankungen als „verderblich" für die „nationale Arbeitskraft" eingestuft wurden; er schlug anstelle einer Rente die einmalige Kapitalabfindung „als das wirksamste Heilmittel" vor (zit. n. Hans Ludwig Siemen: Das Grauen ist vorprogrammiert. Psychiatrie zwischen Faschismus und Atomkrieg. Gießen 1982, S. 35). Möglicherweise liessen sich über eine genauere Sichtung beispielsweise der Hoche'schen wissenschaftlichen Arbeiten Verbindungslinien zwischen seiner ärztlichen Tätigkeit und seinen medizinischen Forschungsfragen finden, vgl. Hoches Autobiographie „Jahresringe. Innenansicht eines Menschenlebens" (München 1939).

298 Streffer: Schlußwort zu „Die Stellung des Arztes zur Sozialversicherung". In: ÄVBl. Nr. 25 / 1499 (Sonderheft Ärztetag, 1.9.1929), S. 36-37, S. 36.

299 Moritz: Redebeitrag zu „Die Stellung des Arztes zur Sozialversicherung". In: ÄVBl. Nr. 25 / 1499 (Sonderheft Ärztetag, 1.9.1929), S. 34-35; S. 34.

300 Ebd.

301 Stappert: Redebeitrag zu „Die Stellung des Arztes zur Sozialversicherung". In: ÄVBl. Nr. 25 / 1499 (Sonderheft Ärztetag, 1.9.1929), S. 31 (Herv. im Original durch Sperrung).

ihrer „Schäden“ bekannt, erweiterte die These seines Vorredners Stappert: *„Ich möchte sagen, jedesmal bricht eine neue Krankheitswelle über unser deutsches Volk herein, wenn eine neue Versicherung eingeführt wird. (Sehr richtig! Heiterkeit.).“*[302]

Der rhetorisch gewandte und daher als Redner auf Ärztetagen sehr geschätzte Danziger Arzt begeisterte das offensichtlich gut gelaunte Ärzte-Publikum auch mit Vergleichen, die die Grenze zum Rassismus berührten:

„Der bekannte Schweizer Arzt Dr. Bircher hat einmal folgendes gesagt: ‚Wenn ich drei Unterschenkelbrüche in die Klinik lege, dann heilt der Bruch beim nichtversicherten Bauern in sechs Wochen, beim versicherten Arbeiter in sechs Monaten und beim Italiener überhaupt nicht'. (Große Heiterkeit.).“[303]

Bei der Beantwortung der Frage, welche Auswirkungen diese Sicht auf die Kassenkranken, die scheinbar alle anwesenden Ärzte teilten, auf die alltägliche Kassenpraxis hatte, bleibt man auf Vermutungen angewiesen. Deutlicher sichtbar und zum Tragen kamen diese Vorbehalte jedoch in einem anderen, durch die Ausweitung der Sozialversicherung auf umfangreichere Bevölkerungskreise ebenfalls wichtiger werdenden Bereich, dem der Gutachtertätigkeit in Rentenfragen. Die Rolle als Gutachter stand, wie die Referenten und Diskussionsteilnehmer des Ärztetages 1928 übereinstimmend feststellten, in einem Spannungsverhältnis zu der praktischen Ausübung des Arztberufes, der – so das Reichsgericht in einem Urteil 1918 – *„beherrscht (sei) von dem kategorischen Imperativ rein humaner Wirksamkeit“.*[304] Dementsprechend fühle sich der Arzt in der Krankenbehandlung dem einzelnen Patienten gegenüber meist als dessen Anwalt – *„eine Rolle, die seinem sozialen Bewußtsein natürlich angemessener erscheint und behaglicher ist als die des unparteiischen Gutachters, gewissermaßen in der Rolle des ärztlichen Richters“.*[305]

Die Gutachtertätigkeit bestand hauptsächlich darin, festzustellen, ob eine gesundheitliche Schädigung eines Versicherten nach langer Krankheit oder einem Unfall den Geschädigten in seiner Erwerbsfähigkeit einschränke, in welchem Maße, oder ob sie ihn vollends erwerbsunfähig mache. Der Gutachter trug Verantwortung für die Ausschüttung von Geldern, die in der Invalidenversicherung von den Versicherten und aus dem Steueraufkommen der Weimarer Republik

---

302 Liek: Redebeitrag zu „Die Stellung des Arztes zur Sozialversicherung“. In: ÄVBl. Nr. 25 / 1499 (Sonderheft Ärztetag, 1.9.1929), S. 32-33, S. 32 (Herv. im Original durch Sperrung).

303 Ebd., S. 33.

304 Zit. in der Rede des DNVP-Abgeordneten Haedenkamp in der Reichshaushaltsdebatte am 20. Juni 1925. In: Verhandlungen des Reichstages, III. Wahlperiode 1924. Bd. 386 (12.6.-17.7.1925), S. 2476.

305 Bundt: Der Arzt als Gutachter. In: ÄVBl. Nr. 1462 (Sonderheft Ärztetag, 21.8.1923), S. 31-36; S. 32.

finanziert wurden, teilweise also öffentliche Mittel darstellten. Als Gutachter müsse der Arzt daher die betreffenden Personen besonders sorgfältig untersuchen, möglichst noch vor der Rentenbewilligung „Simulanten" entlarven und als Richter fungieren, „der die Tatsachen objektiv festzustellen hat". Der Grundsatz „in dubio pro reo" gelte für den Arzt in dieser Erfüllung seiner Aufgabe in öffentlichem Interesse nicht: *„Auch seine Anpassung an diesen durch die Formel ‚in zweifelhaften Dingen für den wirtschaftlich Schwachen' ist unhaltbar und verkennt vollkommen die Aufgabe des ärztlichen Sachverständigen.'*[306]

Der Arzt müsse vielmehr *„das Auge offen haben, um sich gegen die Fülle der Möglichkeiten von Täuschungen zu sichern"*, mit „Argwohn" jedem zu Begutachtenden gegenübertreten um festzustellen, *„wieviel durch Begehrungsvorstellungen auf die eigentliche Krankheit aufgepropft ist"*, denn schließlich sei *„ein Krankheitsbild (...) uns geläufig, das unter den Bezeichnungen als ‚traumatische Neurose, Rentensucht oder Rentenhysterie' eine umfangreiche Literatur gezeitigt hat"*.[307]

Die für die private Krankenbehandlung aufgestellte Prämisse des vertrauensvollen Verhältnisses zwischen Arzt und Krankem wurde durch derartige Vorurteile gegen die versicherten Kranken außer Kraft gesetzt. *Stappert* z.B. betrachtete die Gutachtertätigkeit des Arztes als eine Art Spiel, denn für ihn habe der Arzt die Aufgabe, *„hier als Schiedsrichter aufzutreten und diese Grenze zwischen gesundem und krankem Teil der Arbeiterschaft möglichst gerecht festzulegen"*.[308]

Aber selbst diese 1928 gegebenen Umstände schienen dem Diskussionsredner *Eichelberg* noch unzulänglich, weshalb er einen Aufgabenwandel in der Gutachtertätigkeit des Arztes für unumgänglich hielt. Die Überbeanspruchung der Ärzte in dieser Eigenschaft rühre daher, daß zu viele Renten und Erwerbsbeschränkungen im Sinne des Versicherten abgegeben würden, dieser also einen Nutzen aus den ärztlichen Gutachten ziehe:

„Jetzt sollen diese Persönlichkeitsschilderungen doch oft nur dazu dienen, der betreffenden Person mildernde Umstände oder dergleichen zukommen zu lassen. Wenn aber später infolge dieser Persönlichkeitsschilderung jemand vielleicht länger in einer Anstalt oder dergleichen verwahrt wird als im Gefängnis, dann sollen sie einmal sehen, wie wenig Gutachten von uns nach dieser Richtung verlangt werden (Heiterkeit. Sehr richtig!).'[309]

---

306 Ebd., S. 33.

307 De Bary: Der Arzt als Gutachter. In: ÄVBl. Nr. 1462 (Sonderheft Ärztetag, 21.8.1928), S. 36-41, S. 36 f.

308 Stappert 1929 (Anm. 298), S. 31.

309 Eichelberg: Redebeitrag zu „Der Arzt als Gutachter". In: ÄVBl. Nr. 1462 (Sonderheft Ärztetag, 21.8.1928), S. 46.

Der sich ebenfalls zu Wort meldende Psychiater Ewald *Stier* – bereits sein Gang zum Rednerpult wurde von den versammelten Ärzten mit Klatschen begleitet – begann seine ausführlichen Einlassungen zum Thema ebenso wie seine Vorredner und die Referenten mit der Forderung, daß der begutachtende Arzt *„nicht wie sonst als humanitär denkender Mensch und Arzt zu fühlen (habe)"*, sondern begreifen müsse, daß er hier *„als kühler, objektiver Beurteiler im wirtschaftlichen Kampf zweier Parteien"* gefordert sei.[310] *Stier* verwies auf die hohen Kosten der Sozialversicherung, die besonders dadurch in die Höhe getrieben würden, dass den Rentenansprüchen viel zu großzügig nachgegeben werde. Der Arzt erhalte mit der Gutachtertätigkeit in dieser Hinsicht eine besondere Verantwortung, denn er sitze an der Schaltstelle zwischen Ablehnung und Befürwortung eines Rentenantrages, könne also in hohem Maße kostensenkend wirken. Gerade im Bereich der „nervösen Erkrankungen" habe dies zu geschehen, denn diese würden häufig von den Versicherten zur Begründung ihres Rentenantrages angeführt.

Schon seine reichliche Erfahrung als Kriegspsychiater im Ersten Weltkrieg habe *Stier* am Beispiel der „Zitterer" und „Kriegsneurotiker" gezeigt,[311] dass hinter einem solchen Verhalten keine Krankheit stehe, sondern lediglich das Fehlen von persönlichem Mut und Arbeitswillen zu konstatieren sei. Da also kein medizinischer Befund erhoben werden könne, solle man Bezeichnungen wie „Nervenzusammenbruch" oder andere Fachtermini vermeiden. Statt dessen solle sich der Gutachter schlicht ausdrücken und sagen,

„daß der Betreffende einen Schreck bekommen hat, daß er im Kriege versagt hat, daß er die Energie, den Mut zur Arbeit, die Selbstbeherrschung verloren hat und ähnliches. Durch eine solch bessere, den Kernpunkt der Sache treffende Bezeichnung würden wir allmählich einen Riegel dagegen vorschieben, daß heute immer und überall der Versuch gemacht wird, zur Selbstentschuldigung, mit dem Worte ‚Nerven' den Mangel an seelischer Kraft umzudeuten nach der Richtung einer körperlichen Krankheit. (Händeklatschen.)."[312]

Dieses Verfahren der Auflösung einer Erkrankung durch Nicht-Benennung, um dadurch einen Rentenantragsteller als „Simulanten" oder „Rentenhysteriker – oder -neurotiker" zu entlarven, war im Ersten Weltkrieg bei psychisch Erkrank-

[310] Stier: Redebeitrag zu „Der Arzt als Gutachter". In: ÄVBl. Nr. 1462 (Sonderheft Ärztetag, 21.8.1928), S. 44-46; S. 44.

[311] Vgl. hierzu den Aufsatz des Oberstabsarztes a.D. Prof. Dr. Ewald Stier: Rentenversorgung bei nervösen und psychisch erkrankten Feldzugsteilnehmern. In: Handbuch der Ärztlichen Erfahrungen im Weltkriege 1914/18, Bd. IV: Geistes- und Nervenkrankheiten, Leipzig 1922, S. 168-194. Stier betonte, daß die präzise Diagnose deshalb so wichtig sei, weil der Arzt agiere als „Verwalter eines gewaltigen Teiles unseres Nationalvermögens bzw. unserer Nationaleinkünfte" (S. 169).

[312] Stier 1928 (Anm. 307), S. 45.

ten in großem Maße angewandt worden. Die vergleichbare Symptomatik des völligen Erschöpfungszustandes mit folgender Apathie wurde bei Offizieren als „Neurasthenie“ diagnostziert, die nach einem Erholungsurlaub rasch abzuklingen pflegte. Bei gewöhnlichen Soldaten dagegen wurde dieser Zustand zur „Abwehr- oder Zweckneurose“ erklärt, der auf „konstitutioneller Minderwertigkeit“ beruhte.[313]

Stier ging aber in seinen Vorschlägen zur „Verbesserung“ der ärztlichen Gutachtertätigkeit noch einen Schritt weiter. Selbstverständlich müsse werden, daß in ein Gutachten die Bewertung der Gesamtpersönlichkeit einfließe, wobei besonderes Gewicht auf die Unterscheidung von „objektiven“ und „subjektiven“ Symptomen gelegt werden müsse – eine Feststellung, die Ärzte als Gutachter oft nicht beachteten:

„Denn wir müssen uns doch klar sein, daß der Schmerz unter allen Umständen und immer ein subjektives Symptom ist, daß wir die Diagnose als solche immer nur auf den objektiven Symptomen aufbauen dürfen und bei den subjektiven Symptomen im Schlußurteil ausführlich zu der Frage Stellung nehmen müssen, ob auf Grund der ärztlichen Erfahrungen bei Nichtversicherten anzunehmen ist, daß durch den von uns objektiv nachgewiesenen Befund tatsächlich die geklagten Schmerzen nach Form, Intensität und Dauer als glaubwürdig angesehen werden können.‘[314]

Damit forderte *Stier* die Einführung einer „Kontrollgruppe“ von Privatpatienten, um erst nach einem Vergleich mit den Erscheinungsbildern von Krankheiten bei den „normalen“ Kranken den Befund des Kassenpatienten definitiv festzustellen. Über die Folgen dieser Art von „Objektivierung“, die lediglich eine Austreibung des letzten Restes menschlicher „Subjektivität“ aus der Kassenkranken-Behandlung bedeutete, machte *Stier* sich nur in einer Richtung Gedanken: Sein Ziel der Kostensenkung in greifbarer Nähe, erblickte *Stier* in der Beachtung seiner Empfehlungen nur ausgesprochen positive Folgen für die Allgemeinheit. Würden alle Gutachter nach seinen Vorschlägen verfahren, *„dann wird das Ergebnis der Untersuchung außerordentlich häufig ein negatives sein, und es ist nun unsere Aufgabe, auch mutig und klar auszusprechen, daß wir trotz der vielfachen Klagen und Beschwerden des Betreffenden den Nachweis des Vorliegens einer Krankheit nicht haben erbringen können“*.[315]

---

313 Diese scharfsinnige Unterscheidung hatte Robert Gaupp in seinem Beitrag „Schreckneurosen und Neurasthenie“ herausgearbeitet (In: Handbuch der Ärztlichen Erfahrungen, vgl. Anm. 21, S. 68-101). Vgl. a. den ebenfalls in diesem Werk abgedruckten Beitrag von Gustav Aschaffenburg: Die konstitutionellen Psychopathen (ebd., S. 122-153).

314 Stier 1928 (vgl. Anm. 207), S. 45.

315 Ebd.

Mit seinen Vorstellungen von den Kassenversicherten als „arbeitsscheu", „verantwortungslos" der Gesamtheit als ein „Heer von Neurasthenikern, Hypochondern und Begehrungskranken"[316] zur Last Fallenden stand *Stier* nicht allein, wie der „Stürmische Beifall" auf seinen Vortrag verdeutlichte. Mit Hans *Prinzhorn* widmete ein anderer, gleichfalls sehr bekannter Psychiater, den Sozialversicherten gar eine eigene Psychologie. Der typische Sozialversicherte könne beschrieben werden als „infantil-unreife", dabei aber „pseudo-senile" Persönlichkeit, deren wichtigste Kennzeichen zugefasst folgende seien:

„Scheu vor jeder selbständigen Entscheidung; statt dessen Vorliebe für alles-sich-gehen-lassen, Begehrlichkeit, kritiklose Forderung an die ‚Kasse' oder den ‚Staat', die auf infantile Weise personifiziert werden wie allmächtige halbmytische Wesen; dabei listigschlaue Ausnutzungstaktik, Mißtrauen und Mißgunst gegen jedermann; Verlust allen Stolzes, aber auch aller menschlichen Wärme (Familie!) Neigung zu politischer Hetzerei, zum Querulieren um ‚Schuldige' – kurzum(:) es fehlt an allem gerade das, was den reifen Menschen ausmacht und es wuchern jene Züge, die man zusammenfassen kann als infantil-unreife, verstärkt durch andere, die aus dem ängstlichen Gefühl des ‚Nichtmehrkönnens' ausgehen und sich nicht selten rasch entwickeln zu einer Überzeugung des Invalide-Seins, die man nur als pseudo-senile bezeichnen kann.‘[317]

Die Zusammenfassung dieser Charaktereigenschaften des zu erziehenden, „unreifen" Menschen zu einer „Psychologie des Sozialversicherten" bezeichnete 1975 Horst *Bourmer*, damals Vorsitzender des Hartmannbundes, zeitgenössisch modern als „Arbeitnehmermentalität". Er konstatierte eine „Erosion der bürgerlichen Tugenden", die als „Tendenz einer den Mittelstand erfassenden Proletarisierung" interpretiert werden müsse:

„Während im materiellen Bereich die Arbeiter verbürgerlichen und einen dem Mittelstand vergleichbaren Lebensstandard hinsichtlich Besitz und Sicherheit erreicht haben, vollzieht sich im geistigen Bereich der Einstellungen und Wertvorstellungen eine Anpassung an die Arbeitnehmermentalität mit Haltungen, die durch Arbeitsunlust, Ausweichen vor Anstrengungen und Vermeidung von Risiken gekennzeichnet sind (...). Gleichzeitig sucht man auch in Bereichen der Mittelschicht zunehmend unmittelbare Befriedigung, strebt nach Egalität und bezweifelt die Gerechtigkeit von Vergütung und Belohnung.‘[318]

---

316 Schneider: Der weitere Ausbau der Gesundheitsfürsorge. In: DÄBl. Nr. 25 (Sonderheft Ärztetag, 1.9.1930), S. 12-25; S. 16.

317 Hans Prinzhorn: Zur Psychologie des Sozialversicherten. In: Ärztliche Mitteilungen 1930, Nr. 39/40, S. 28 f., zit. n. Hadrich 1955, S. 139.

318 Horst Bourmer: Zur Einführung. Gedanken zum Selbstverständnis des Arztes am 75. Jahrestag des Hartmannbundes. In: Schadewaldt 1975, S. 6-12, S. 10.

Die Kennzeichen der „Arbeitnehmermentalität" entsprechen fast wörtlich der von Prinzhorn zusammengefassten „Psychologie des Sozialversicherten". Gemeinsam ist den beiden Stellungnahmen, zwischen denen ein Zeitabstand von über vier Jahrzehnten liegt, die negative Ausgrenzung der unteren Schichten. Gegenübergestellt wird beide Male das positive Vorbild des Arztes als Verkörperung der „bürgerlichen Tugenden": freier Beruf anstelle der abhängigen Beschäftigung; Risikobereitschaft, die auch angemessen honoriert werden soll, statt „Sekuritätsstreben"; Arbeitsfreude, für die zumindest in der Weimarer Republik der Ärztestand angeblich in der ganzen Welt bewundert wurde[319] statt „Arbeitsunlust" und nicht zuletzt der Glauben an die Gerechtigkeit der herrschenden gesellschaftlichen Verhältnisse im Hinblick auf „Vergütung und Belohnung" statt die „Neigung zu politischer Hetzerei" und „Streben nach Egalität".

2.2.2. Der Arzt als Führer und Erzieher

Die von *Stier* auf dem Ärztetag 1928 geforderte Gegenüberstellung von Krankheitsbildern der Privatpatienten und denen der Krankenversicherten, um eine Aussage über die „Normalität" eines Leidens zu bekommen, sollte nicht nur der konkreten, einmaligen Geldersparnis im Einzelfall dienen. Längerfristig sollte der nicht-versicherte Kranke und seine Einstellung zur Krankheit dem Kassenkranken als ein Leitbild vorangestellt werden, dessen „höherer Sittlichkeit" er nachzueifern habe. Gerade Ende der 1920er Jahre war sehr häufig in der die Versicherungsgesetzgebung kritisierenden Literatur darauf hingewiesen worden, wie wichtig es sei, *„daß man in der Sozialversicherung die arbeitende Bevölkerung langsam und sicher zur Selbstverantwortung erziehen müsse"*:

„Man hofft damit das Gegenmittel gegen die Ueberbegehrlichkeit und die dadurch entstandenen Mißstände gefunden zu haben. Es wird schwere Arbeit kosten, diese Besserung gegenüber einer im Wesen des einzelnen liegenden egoistischen Einstellung, die Mittel zur Sozialversicherung in erhöhtem Maße in Anspruch zu nehmen, zu erzielen. Mit einer Erziehung derselben wird es recht schwer gehen."[320]

Bisher hatten die politischen Kämpfe sowohl der Kassen gegen die Ärzte, wie auch die Opposition der *„mit den Kassenverbänden verbündete(n) Regierung"*[321] verhindert, daß die Ärzte ihrem selbstgesetzten „Erziehungsauftrag" in größerem Umfang hatten nachkommen können. Während das höhere Interesse des Allgemein-

---

319 Strube: Ueber das Wesen des Arzttums. In: ÄVBl. Nr. 1381 (21.5.1926), Sp. 208.

320 Stauder: Eröffnungsrede zum 48. Deutschen Ärztetag. In: ÄVBl. Nr. 25/1493 (Sonderheft Ärztetag, 1.3.1329), S. 3-11; S. 9.

321 Landsberg: Vor einer internationalen Behandlung der Kassenarztfrage. In: ÄVBl. Nr. 1339 (21.11.1925), Sp. 489-492, Sp. 492.

wohls in allen Fragen der Volksgesundheit parteipolitische Enthaltsamkeit fordere, habe durch *„unsachliche und fremde Einmischung der parteipolitisch eingestellten Kassenbürokratie"* der Arzt eine untergeordnete Rolle hinnehmen müssen, so dass „die Medizin das Aschenbrödel des Staates" geworden sei.[322]

Diese „Unterdrückung" des Ärztestandes aber, seine Nichtbeteiligung an der Sozialgesetzgebung und die Abwertung des ärztlichen Ansehens verkenne völlig die Tatsache, *„dass, einerlei, welche Form der Staat hat, die Gesundheit seiner Glieder eine Vorbedingung für das Gedeihen des Staates ist"*.[323] Um diese Fehlentwicklung zu korrigieren, sei der Ärztestand verpflichtet, „hier führend und aufklärend zu wirken"; er besitze *„besser als jeder andere Berufszweig in das Werden und Vergehen alles Lebendigen Einblick"*.[324]
Desgleichen könne der Arzt auch besser als andere die „Schäden an der Seele" beurteilen, die die Sozialversicherung in weiten Teilen der Bevölkerung hinterlassen habe, indem sie den Versicherten z.B. *„den Gesundheitswillen, die Arbeitslust und den Sparsinn"* genommen habe[325]. Zwar zeige sich bei einigen Parteien schon eine Einsicht und die *„Sozialversicherung, das verhätschelte Lieblingskind aller Parteien (...) fängt jetzt an, den Vätern selbst ein wenig fürchterlich zu werden"*,[326] aber ob man die „Gefahr fürs Ganze" noch bannen könne, sei fraglich. Ein Anfang wäre die Garantie des Staates für das „Primat" des Ärztestandes in allen Fragen der Sozialpolitik, um die Resultate der bisherigen Versicherungsgesetzgebung, die im wesentlichen einen „Schutz der Minderwertigen"[327] zustandegebracht habe, zu korrigieren:

„Es muß bei der zukünftigen Gestaltung der Gesetzgebung der von Anbeginn gemachte Fehler wieder gutgemacht und dem Arzte ein größerer Einfluß bei allen legislatorischen und administrativen Maßnahmen sozialpolitischer Natur eingeräumt werden, da er als unabhängiger und sachverständiger Faktor geeignet ist, im Sinne und Geiste der sozialen Gesetzgebung dem toten

322 Scholl: Selbstverwaltung der Aerzte in der Sozialversicherung. In: ÄVBl. Nr. 18 / 1492 (21.6.1929), Sp. 407-412; Sp. 412.

323 Richter: Zum Entwurf einer Standesordnung für deutsche Aerzte. In: ÄVBl. Nr. 1360 (Sonderheft Ärztetag, 21.10.1925), S. 8-14; S. 8.

324 Benda/Sondermann/Moltke: Der Kampf um die ärztlichen Standesideale. In: Medizinische Welt 7, 1933, S. 497-502, zit. n. Eva-Maria Klasen: Die Diskussion über eine „Krise" der Medizin in Deutschland zwischen 1925 und 1935 (Diss. med.), Mainz 1984; S. 52 f. Tröscher (Ziele. In: ÄVBl. Nr. 1297 (9.1.1924), Sp. 6) sah als letztes Ziel einen platonischen Staat, der „von tätigen, schöpferischen Menschen geleitet wird – und wer wäre das mehr als der Arzt!".

325 Liek: Soziale Versicherungen und Volksgesundheit. Langensalza 1928, S. 33.

326 Vollmann: Wohin steuern wir? In: ÄVBl. Nr. 1403 (1.1.1927), Sp. 1-8; Sp. 4.

327 Scholl 1929 (vgl. Anm. 319), Sp. 411 (im Original gesperrt).

Buchstaben des Gesetzes Leben zu verleihen und den sozialen Gedanken in die Tat umzusetzen.'[328]

Für die Tätigkeit als Fürsorgearzt, der als Beamter von der Kommune oder dem Staat direkt sein Gehalt erhalte, liege der Sachverhalt einfacher als in der ärztlichen Krankenbehandlung. Solange Wohlfahrts- und Jugendämter nicht „den Arzt in belästigender Weise und den Kranken mit schädlichen Folgen beeinträchtigen"[329], habe der Arzt im Bereich der öffentlichen Fürsorge eine Stellung, in der er durchaus „an der Vermehrung des Volkswohlstandes durch Aufzucht gesunder, leistungsfähiger Arbeitskräfte"[330] mitwirken könne. Hier decke sich im übrigen das Interesse des Staates mit dem Ziel therapeutischer Tätigkeit:

„Gesundheit ist Arbeitskraft! Und wer die Gesundheit auf solche Weise schädigt oder nicht fördert, versündigt sich an seinem Vaterlande, weil er die Volkswirtschaft schädigt, die Volkswirtschaft aber beruht auf der Volksgesundheit.'[331] Diese Sichtweise der *Volksgesundheit* wiederum teilten auch die Mitglieder des „Vereins für Sozialpolitik", die mittels der Gleichung „Arbeiterschutz durch Sozialpolitik" = „bessere und erhöhte Arbeitsmenge" die staatliche Sozialpolitik gegen die Kritik der zu hohen Soziallasten verteidigten. Heinz *Potthoff* hatte diesen Standpunkt bereits 1913 in einem Grundsatzartikel in der Zeitschrift des Vereins „Soziale Praxis" erläutert:

„Der Hauptzweck sozialer Gesetzgebung ist rationelle Ausnutzung der arbeitenden Millionen; ist Anwendung der Grundsätze, die jedem Kaufmann für sein lebendes und totes Inventar als selbstverständlich gelten, auf das menschliche Inventar; ist Hinderung eines unrationellen Raubbaus an der Gesundheit und Arbeitskraft des Menschen (...) Auch die soziale Versicherung ist nur eine Übertragung bewährter kaufmännischer Grundsätze vom sachlichen auf das menschliche Gebiet, nämlich des Grundsatzes der Amortisation von Werten, die der Abnutzung unterworfen sind.'[332]

Aber auch im Eigeninteresse der Versicherten als Mitglieder einer Solidargemeinschaft, aus deren Beiträgen die Erkrankten schließlich auch bezahlt würden – in dieser Auffassung unterschied sich der Sozialhygieniker *Wasielewski* deutlich von späteren ärztlichen Stellungnahmen – liege eine rasche Genesung:

---

328 Ebd., Sp. 412.

329 Stephani: Aufgaben, Bedeutung und Ausbau der Fürsorgearzttätigkeit. In: ÄVBl. Nr. 1432 (Sonderheft Ärztetag, 21.10.1927), S. 23-35; S. 34.

330 Ebd., S. 35.

331 Herzau: Die Not des Gesundheitswesens und der Aerzte. In: ÄVBl. Nr. 1301 (1.3.1924), Sp. 49-51; Sp. 50.

332 Zit. n. Thiele: Zum Verständnis von Ärzteschaft und Krankenkasse 1883 bis 1913. In: Gaedt/Schagen (Hg.) 1974, S. 19-45; S. 21.

„Die Allgemeinheit der Versicherten hat aber ein Interesse daran, dass die Arbeitsfähigkeit aller Kassenmitglieder in kürzester Frist in möglichst weitem Umfang wieder hergestellt wird, weil sonst die Aufwendungen der Kassen nicht aufgebracht werden können.“[333]

Daneben konstatierte *Wasieleweski* auch wieder die berechtigte Forderung der „Volksgemeinschaft", daß sofort nach Eintreten eines Krankheitsfalles ein approbierter Arzt aufgesucht werden müsse, weil allein der *„ärztliche Sachverständige (...) verantwortlich zu entscheiden hat, ob die Voraussetzungen für die Leistung von Krankenhilfe überhaupt zutreffen"*.[334] Auffällig an den Kassenpatienten, über deren Anspruch auf ärztliche Behandlung und Krankengeld zunächst der Kassenarzt zu entscheiden hatte, seien vor allem die hohen Kosten für Medikamente, die letztlich – wie *Liek* feststellte – dann doch nicht eingenommen würden: *„In der Privatklientel, bei wirklich kranken Menschen, einfach undenkbar!“*[335] Begleitet werde dieses Verhalten durch einen weiteren auffälligen Unterschied, der Krankheits*häufigkeit* der Versicherten:

„Wenn Nichtversicherte wegen Rheuma die Arbeit aussetzen, so ist das etwas ganz anderes und unbedingt glaubwürdig. Muß doch der Betreffende selbst den Ausfall an Verdienst, den Arzt, die Arznei usw. bezahlen. Bei Versicherten spielen erfahrungsgemäß viele Dinge mit, die mit einer Krankheit gar nichts mehr zu tun haben.“[336]

Die Vergleichsgruppe zu den Versicherten, die „wirklich kranken Menschen" der Privatklientel des Arztes, hätten eine völlig andere Einstellung zur Krankheit, deren Nachahmung den Kassenpatienten auch gut anstünde:

„Erstens Nichtbeachtung von Bagatellsachen, zweitens, bei wirklicher Krankheit, Wunsch nach schneller Wiederherstellung, da jeder Tag Geld kostet, und drittens rasche und möglichst vollkommene Anpassung an den Defekt.“[337]

---

333 von Wasielewski: Was die Sozialhygieniker zu dem Kampf um den § 182 der Reichs-V.O. sagen. In: ÄVBl. Nr. 1273 (9.1.1923), Sp. 5-6; Sp. 5.

334 Ebd.

335 Liek 1928 (vgl. Anm. 322), S. 22.

336 Ebd., S. 23.

337 Liek: Redebeitrag zu „Die Stellung des Arztes zur Sozialversicherung". In: ÄVBl. Nr. 25 / 1499 (Sonderheft Ärztetag, 1.9.1929), S. 32-33; S. 32. Eine Teil-Krankschreibung oder den Einsatz an „geeigneten" Arbeitsplätzen forderte 1936 Dr. med. habil. Hans Hoske, wissenschaftlicher Mitarbeiter im Hauptamt für Volksgesundheit in der Reichsleitung der NSDAP und am Hygiene Institut der Universität Berlin tätig, weil z.B. ein Arbeiter mit einem gebrochenen Bein noch sitzende Tätigkeiten ausüben könne. Hoske argumentierte, dass die Unterscheidung in „arbeitsfähig" und „arbeitsunfähig" eine Vereinfachung zum Schaden der Allgemeinheit darstelle (s. Hoske: Die menschliche Leistung als Grundlage des totalen Staates. Leipzig 1936, S. 26). Durch das Maß an Anpassungsfähigkeit könne der einzelne beweisen, „daß auch die Geschädigten durchaus einen Wert besitzen können" (ebd., S. 2).

Als probates Erziehungsmittel zur Erzielung der gewünschten Einstellung auch bei den Kassenkranken fungierte das Geld. Schließlich war es die finanzielle Belastung, die bei den Nicht-Versicherten den Zwang zur Ignorierung geringfügiger Erkrankung ausübte und sie trotz Beschwerden weiterarbeiten liess. Da ein Privatpatient zudem kein Krankengeld zur Kompensation des Verdienstausfalls erhalte, müsse er zwangsläufig die Dauer der Krankheit möglichst kurz halten und zugleich auf sparsame Medikamentierung achten. Auch 1955 sollten diese allgemeinen Grundregeln noch zutreffen, so die Ausführungen des ärztlichen Standespolitiker Hadrich: *„Der Privatpatient achtet selbst darauf, daß sich die Therapie des Arztes und seine diagnostischen Hilfsmaßnahmen im Rahmen der wirtschaftlichen Möglichkeiten halten, während der Kassenpatient in dieser Beziehung hemmungslos ist."*[338]

Da also bei der „Kontrollgruppe" der Privatpatienten das Druckmittel „Geld" funktionierte, mußte es auch auf den Kassenkranken anwendbar sein und im Grunde noch schneller wirken, weil die Versicherten durchschnittlich über niedrigere Einkommen als die Nicht-Versicherten verfügten, daher weniger Rücklagen hatten und finanziell druckempfindlicher seien. Dieses Eigeninteresse am schnellen Gesundungsprozeß habe die bestehende Versicherungsgesetzgebung beseitigt, wie *Eichelberg* 1929 festhielt: *„Wenn man seine eigene Sparkasse, einen Teil seines eigenen Geldes angreifen muß, dann ist zweifellos der Wunsch, möglichst rasch gesund zu werden, sehr stark unterstrichen."*[339] *Stappert* präzisierte dieses wirtschaftsliberale Konzept: *„Das Verantwortungsgefühl der Versicherten kann eben nicht durch gute Lehren geschärft werden, sondern nur durch die Einschaltung des Portemonnaies (Sehr richtig!)."*[340]

Gleichzeitig war den Vertretern dieser geldgebundenen Gesundungstheorie aber bewußt, daß es sich bei den Mitgliedern der gesetzlichen Krankenversicherung um Arbeiter und andere Bezieher niedriger Einkommen handelte, die vielleicht gerade eben ihr Auskommen hatten, keinesfalls aber größere Rücklagen ersparen konnten. Ein Beispiel aus einem anderen Bereich von angeblichen „Begehrungsvorstellungen" der Versicherten, in dem es um die Arbeitsbedingungen von Waldarbeitern ging, verdeutlichte dies:

„Wir haben einen Tarifvertrag der Waldarbeiter, die bekommen drei Wochen die Differenz ihres Lohnes gegenüber dem Krankengelde, wenn sie krank sind. Nun haben wir in der Krankenkasse festgestellt, daß in den letzten drei Jahren jeder Waldarbeiter mindestens drei Wochen krank gewesen ist. (Heiterkeit). Das ist doch eine ganz selbstverständliche Sache, wenn ich drei Wochen das Geld haben kann, ohne etwas zu tun, daß ich den Wunsch habe, krank zu wer-

338 Hadrich 1955, S. 11.

339 Eichelberg: Redebeitrag zu „Die Stellung des Arztes zur Sozialversicherung". In: ÄVBl. Nr. 25 / 1499 (Sonderheft Ärztetag, 1.9.1929), S. 34.

340 Stappert: Redebeitrag zu „Die Stellung des Arztes zur Sozialversicherung". In: ÄVBl. Nr. 25 / 1499 (Sonderheft Ärztetag, 1.9.1929), S. 31.

den. (Sehr richtig! Heiterkeit.) Wir sind doch nicht Engel, wir sind doch eben Menschen mit allen unseren menschlichen Eigenschaften und Schwächen."[341]

Ein auf dieses Beispiel reagierender Redebeitrag, in dem der Redner die Möglichkeit andeutete, daß sich die menschliche Psyche vielleicht anders äußern würde, wenn die Waldarbeiter einen tariflich garantierten Anspruch auf einen dreiwöchigen jährlichen Erholungsurlaub hätten, wurde mit dem lapidaren Zuruf: „Dann will er sechs Wochen haben!" quittiert.[342]

Aus dieser Perspektive heraus hatte der versicherte Kranke sämtliche Eigenschaften verloren, die angeblich den Nicht-Versicherten auszeichneten: Sparsinn, selbständige Fürsorge für Krankheits- oder Invaliditätsfall, aber auch die „Männlichkeit", kleine Wehwehchen zu ignorieren[343]. „Sittlichkeit" und „Sinn für Höheres" könne von dem versicherten Personenkreis ebenfalls nicht erwartet werden, was man am verantwortungslosen Umgang mit den Kassenfinanzen ablesen könne: Der Versicherte plündere diese aus, weil er seine „Begehrungsvorstellungen" nicht kontrollieren könne. Hier, an diesem Punkt aber könne und müsse der Arzt eingreifen: *„Nur wenn wir Aerzte immer und überall, täglich und bei jedem Attest, die Gelegenheit ausnutzen, hier belehrend einzugreifen, wird es allmählich gelingen, eine richtigere Einstellung im Publikum zu schaffen.*"[344]

Zur Erzielung dieser „richtigeren" Einstellung bei den Kassenpatienten müßten die Ärzte im Grunde „den menschlichen Charakter ummodeln"[345], wie *Streffer* im Schlußwort seines Beitrages auf dem Ärztestag 1929 feststellte – ein vergebliches Unterfangen, wenn die Sozialversicherung in ihrer derzeitigen Form weiterbestehe. Da eine Änderung derzeit nicht in Aussicht sei, sollten die Ärzte die Situation annehmen, wie sie sei: *„die Auswüchse aber Sie uns beschneiden"*.[346] Um den Einzelnen dauerhaft aus *„seinem Sonderdasein mit all seinen Übeln"* des Materialismus herauszureißen und *„ihn zu einem wertvollen Teil des ganzen Volkes"* zu erziehen[347], bedürfe es auch der politischen Integration der Arbeiter in den Staat. Der Vorschlag von *Hintze* sah vor, daß die Tätigkeit in der Kassenverwaltung nur noch

---

341 Eichelberg 1929 (vgl, Anm. 338), S. 34.

342 Ebd.

343 Erwin Liek berichtete, daß unmittelbar nach Eröffnung seiner Kassenpraxis „junge, kräftige Burschen z.B. mit mikroskopischen Hautverletzungen" gekommen seien, was ihm „wenig mannhaft" vorkam: „Noch weniger mannhaft der Wunsch, arbeitsunfähig geschrieben zu werden" (Liek 1926, S. 47).

344 Stier 1928 (vgl. Anm. 310), S. 45.

345 Streffer: Schlußwort zu „Die Stellung des Arztes zur Sozialversicherung". In: ÄVBl. Nr. 25 / 1493 (1.9.1929), S. 36-37; S. 36.

346 Ebd.

347 Emil Abderhalden: Das Recht auf Gesundheit und die Pflicht, sie zu erhalten. Leipzig 1920, S. VII.

ehrenamtlich unter staatlicher Aufsicht ausgeübt werden solle. Die unbezahlte Nebentätigkeit müsse von den Arbeitern selbst finanziert werden, und zwar mit den Summen, die als Parteibeträge entrichtet oder *„die in Streiks nutzlos vergeudet werden"* oder *„den Genossen im Auslande für ähnliche Zwecke zufliessen"*:

Abb. 5: Plakat

„Die erzieherische Wirkung würde eine ausserordentlich grosse sein, das Verantwortungsgefühl und das Verständnis für wahre soziale Fürsorge stiege und der einzelne würde aufhören, ein teilweiser, nie zufriedener Almosenempfänger der anderen zu sein. Hilf dir selber, dann hilft dir Gott.'[348]

Auch die Hoffnungen der staatsbejahenden Einordnung der Arbeiter in das bestehende Gesellschaftssystem habe die Sozialgesetzgebung enttäuscht. Durch ihre grundlegenden Konstruktionsfehler habe sie die „Begehrungsvorstellungen" in den Menschen geweckt, „Rentenneurosen" befördert, dem Versicherten *„seinen Selbsterhaltungswillen und seinen Arbeitswillen (ge)schwächt'*[349] und bei den Arbeitern ein Sekuritätsgefühl hervorgebracht. Die einstige „darbende Masse" sei heutzutage „glaubensarm" geworden, wie Willy Hellpach 1929 ausführte. Der Tatbestand der Krankheit könne aufgrund der sozialen Absicherung nicht mehr

348 Hintze: Staatssozialismus oder soziale Fürsorge auf genossenschaftlicher Basis? In: ÄVBl. Nr. 1309 (21.5.1924), Sp. 162-163; Sp. 162.

349 De Bary 1928 (vgl. Anm. 294), S. 37.

als „sittliche Prüfung des Daseins“ erfahren werden. Hieraus erwachse dem Staat in der Umgestaltung der Sozialversicherung – unter führender Beteiligung der Ärzte selbstverständlich – eine große Aufgabe: Wie der „reifer werdende Kranke“ dahin wachse, *„das sinnlose Geschehen des Krankseins sittlich zu verklären, es aus einem Lose zu einer Fügung zu veredeln“*, so sei es Aufgabe des Staates, „die sittliche Bewährung und Reifmachung des Volkes“ anzustreben.[350] Daher müsse die zukünftige Aufgabenstellung sich nicht mehr darum drehen, wie man ärztliche Behandlung möglichst weiten Bevölkerungskreisen zugänglich machen könne, sondern *„wie der Staat auch die Heimsuchung durch Krankheit wiedereinfügen könne in den Erziehungsplan am Volke“*.[351]

---

350 Hellpach 1929 (vgl. Anm. 246), S. 45.

351 Ebd.

3. Das ärztliche Selbstverständnis. Zusammenfassende Bemerkungen zur Selbstdarstellung von Arztberuf und Ärztestand in der Weimarer Republik

Für die in langen Auseinandersetzungen seit der Mitte des 19. Jahrhunderts erkämpfte Sonderstellung des Arztes in der Gesellschaft schien die Weimarer Republik kein Garant zu sein. Die „Sozialisierung des Heilwesens", die das *Erfurter Programm* der SPD von 1891 forderte, wurde nach der Novemberrevolution 1918/19 zu einer konkret empfundenen Bedrohung, denn in der Folge erlangten Vertreter dieser Partei Regierungsverantwortung. Zwar wurde das Reichsarbeitsministerium, das für die Regelung der Beziehungen zwischen Ärzten und Krankenkassen zuständig war, durch die Weimarer Jahre hindurch kontinuierlich von dem Zentrumsmitglied *Brauns* geleitet, aber insgesamt hatten sowohl die Sozialdemokratie wie auch die mit ihnen und den Gewerkschaften personell verflochtenen Krankenkassenverwaltungen in der Republik eine starke Aufwertung erfahren.

Eine erste Phase der Orientierung im neuen Staatswesen kann zeitlich bis zum Ende der Inflation im Jahr 1923 markiert werden. In dieser Zeitspanne waren sich weder die ärztlichen Standespolitiker einig über ihre grundsätzliche Haltung zu diesem Staat, noch über die akute Brisanz einer drohenden Vergesellschaftung des Gesundheitswesens, deren Planungen aus zahlreichen Veröffentlichungen der politischen Linken, auch aus Ärztekreisen selbst[352], bekannt waren. Die Beziehungen zu den Krankenkassen hatten mit dem *Berliner Abkommen* von 1913 eine für den Ärztestand befriedigende Lösung erfahren; solange dieses Abkommen in Kraft war, bestand auf dieser Ebene kein Handlungsbedarf. Programmatische Äußerungen wie die des Ärztetages 1919, die sich gegen eine „Sozialisierung des Standes" aussprachen, waren zwar als prinzipielle politische Grundsatzerklärung zu verstehen, stellten aber (noch) keine Kampfansage an die Krankenkassen, die Regierung oder das gesamte System sozialpolitischer Gesetzgebung dar.

[352] Vgl. z.B. die Vorschläge von Richard Roeder: Die Sozialisierung der ärztlichen Heiltätigkeit im Verbande der Gesundheitsversicherung (Berlin 1920), die im ÄVBl. diskutiert wurden. Wenig überraschend kam man jedoch zu dem Schluß, daß die Sozialisierung des Heilwesens ein Unding sei, weil dem Arztberuf „wesensfremd". Anfang 1921 veröffentlichte die Schriftleitung aber mehrere Aufsätze zu dem Thema und regte eine Diskussion an, in deren Verlauf die Haltung des Ärztestandes sich formierte und die taktische Argumentation entwickelt wurde.

Die Phase relativer wirtschaftlicher Stabilisierung, die auf den Höhepunkt der Inflation im Oktober 1923 folgte, bedeutete für die Ärzte den Auftakt einer rund anderthalbjährigen Zeit der permanenten Verteidigung des erreichten Besitzstandes und des erlangten Sozialprestiges. Mit den Notverordnungen im Oktober 1923, die nach Regierungsvorstellungen den Bestand der Krankenversicherung absichern sollten unter Festsetzung der Kassenhonorare, einer Zulassungsbeschränkung für die sogenannten Jungärzte und dem Erlass eines Streikverbot für Ärzte, gewann die Auseinandersetzung der Ärzte mit Kassen und Regierung, die durch diese Notverordnungen endgültig als „parteilich" im Sinne der Kassenverbände entlarvt worden waren, eine Schärfe, die bis 1931 die Verhandlungen prägte.

Vom Jahreswechsel 1923/24 an datieren die Klagen über eine „Proletarisierung" des Standes[353], sowohl im materiellen Bereich wie auch bezüglich einer abhängigen Stellung des Kassenarztes, dessen Therapie für Kassenpatienten durch Vorschriften und Ermahnungen zur Sparsamkeit in der Medikamentierung eingeschränkt wurde. In diese Phase fiel auch die Einrichtung der ersten kasseneigenen Behandlungsstätten, der Ambulatorien, die eine Alternative zur bisherigen Form kassenärztlicher Tätigkeit als freiberuflicher Arzt darstellten.

Eine Art Selbstbesinnung über Wesen und Aufgabe des Arztberufes setzte im *Ärztlichen Vereinsblatt* ab 1926 ein, in deren Mittelpunkt die Abgrenzung des rein naturwissenschaftlichen vorgehenden „ärztlichen Technikers" vom Arzt als die gesamte Persönlichkeit einbeziehenden „Heilkünstlers" stand. Diese Auffassung vom Arztberuf stellte eine gegenläufige Richtung zu Bestrebungen des aufsteigenden Ärztestandes in der zweiten Hälfte des 19. Jahrhunderts dar, denn dieser hatte die geforderte gesellschaftliche Sonderstellung, so *Naunyn* 1869, ausdrücklich auf die (natur-) wissenschaftliche Kompetenz der Ärzte als *„vollkommen selbständige und alleinige Vertreter der biologischen Wissenschaften"*[354] gegründet, die als wichtigerer Part neben dem heilkünstlerischen Element den Arztberuf präge.

[353] Verstanden als drohende Beschränkung der Einkommensmöglichkeiten und Abhängigkeit von den Trägern der Krankenkassen, ist die „Proletarisierung" des Arztes ein überzeitliches Phänomen. Um die Jahrhundertwende konnte sie, so *Plaut*, mit Hilfe der starken Organisation der Ärzteschaft abgewehrt werden (Plaut 1913, S. 25). *Deneke* zufolge war die Nachkriegszeit im höchsten Maße bedrohlich für den Ärztestand, weil er als „Repräsentant freien und durchgeistigen Menschentums in die Tiefen wirtschaftlicher Not und gesellschaftlicher Geltungslosigkeit" gedrängt werden sollte (Deneke 1956, S. 7). Ende der 1980er Jahre sah *König* den Arzt als nächsten Kandidat „auf der Liste der Gehaltstabelle" ins Visier geraten, nachdem es dem „Kreis von Linksintellektuellen" in Zusammenarbeit mit den Gewerkschaften gelungen sei, „den Unternehmer in Mißkredit zu bringen" (Christoph König: Die Entmythologisierung der Stellung des Arztes (Diss. med.), Würzburg 1937; S. 60 f.).

[354] Zit. n. Göckenjan 1985, S. 325.

Ab Mitte der 1920er Jahre begann, was man als „professionspolitische Offensive" des Ärztestandes bezeichnen könnte. Ausdrücklich auf die „günstige politische Konstellation" bezugnehmend, die sich aus dem Ausscheiden der SPD aus der Regierung und der 1925 erfolgten Ernennung des Deutschnationalen *Schiele* zum Innenminister ergab,[355] forderte der Ärztestand den Erlaß einer Ärzteordnung, die die Stellung als freier Beruf ebenso garantieren sollte, wie die gesellschaftliche Anerkennung des Arztberufs als Tätigkeit im öffentlichen Interesse.

Parallel hierzu setzte, von Ärzten wie Erwin *Liek* führend mitgetragen, eine so grundlegende Kritik der Sozialversicherung ein, daß als Ziel dieser Kritiker nur die Abschaffung der nicht der Almosenpolitik entlehnten Form von Existenzsicherung der abhängig beschäftigten Erwerbsbevölkerung benannt werden kann. Die Sozialversicherung habe, so das Hauptargument ihrer Kritiker, der Allgemeinheit finanziellen Schaden zugefügt, dabei jedoch durch die *„volksmoralische Wirkung des Eindringens der mit jeder Krankenversicherung verbundenen Begehrungsmotive"*[356] unter enormen Kosten lediglich den *„Schutz der Minderwertigen"*[357] erreicht.

Die Debatte um die „Soziallasten" wurde sowohl in der Verbandszeitschrift wie auf den Ärztetagen sehr intensiv geführt. In ihrem Verlauf, in dem sich nur wenige Befürworter der Sozialversicherung unter den Ärzten fanden, kristallisierten sich zwei Argumentationsstränge für einen künftigen Umgang mit der betreffenden, sozialversicherten Klientel heraus: Zum einen waren dies Vorstellungen, wie sie beispielsweise *Liek* vertrat, der die völlige Abschaffung jeder sozialen Sicherung vorschlug und verlangte, das alte Prinzip des tagtäglichen „Kampfes ums Dasein" wieder einzuführen. Wer invalide geworden, krank oder aus anderen Gründen arbeitsunfähig geworden war, habe selbst zu sehen, wie er sein Leben fristen könne. Eine ethisch-moralische Fürsorgepflicht des Staates wurde grundsätzlich abgelehnt, denn sie unterstütze den allgemeinmenschlichen Charakterzug der „Begehrlichkeit", schädige den Arbeitswillen und degeneriere das Volk moralisch. Aus dieser Grundhaltung leitete *Hellpach* die Aufgabe des Arztes als Erzieher ab und begründete die Forderung nach Einsatz der Erkrankung selbst als pädagogisches Mittel, wenn der Staat aus dem Fortbestand der Sozialversicherung Nutzen ziehen wolle.

Die operative Unfruchtbarmachung hatte *Boeters* bereits Anfang 1924 nicht nur zur Vermeidung zukünftiger Kosten für psychisch Kranke, Blind- oder Taubstumm-Geborene in die Diskussion im *Ärztlichen Vereinsblatt* eingebracht, son-

---

[355] Vgl. die Debatten der Ärztetage über eine Standesordnung (1925) und eine deutsche Ärzteordnung (1926).

[356] Vollmann: Wohin steuern wir? In: ÄVBl. Nr. 1403 (1.1.1927), Sp. 1-8; Sp. 5.

[357] Scholl: Selbstverwaltung der Aerzte in der Sozialversicherung. In: ÄVBl. Nr. 18 / 1492 (21.6.1929), Sp. 407-412; Sp. 412.

dern auch für Kinder, die die Volksschule nicht erfolgreich absolvieren konnten.[358] In einem seiner Beiträge wies Boeters auch auf das „soziale" Argument hin, daß die operative Unfruchtbarmachung bei Erwachsenen eine außerordentlich günstige Wirkung hinsichtlich der „soziale(n) Wiederverwendbarkeit und Haltbarkeit" entfalte.[359] Vereinzelt äusserten sich auch explizite Rassehygieniker zu den Vorschlägen der Umgestaltung der Sozialversicherung, die sich besonders auf die Beseitigung ihrer vermeintlichen Negativfolge des Schutzes der „Minderwertigen" konzentrierten. Otmar Freiherr *von Verschuer* beispielsweise, der wie kaum ein anderer Rassehygieniker die Kontinuität der Forschung von den 1920er Jahren bis in die Bundesrepublik verkörperte[360], hatte seine Wissenschaft bereits 1928 öffentlich zur Zielfindung für die Sozialpolitik angeboten. *Verschuer* identifizierte die „Nutznießer der heutigen Arbeitslosenversicherung" als „lebensschwache Menschen", die *„sich in die ‚Krankheit' (flüchten), um durch eine Rente von der Pflicht zur Arbeit befreit zu werden"*.[361] Wie schon die Psychiater *Hoche* während des Ersten Weltkrieg oder *Eichelberg* Mitte der 1920er Jahre ging auch *Verschuer* von den der Tatsache der „Begehrungsvorstellungen" bei den Versicherten aus, die bei den *„arbeitscheue(n), geistig und ethisch minderwertige(n) Menschen"*[362] durch eine soziale Absicherung noch verstärkt würden. Die hieraus zwangsläufig entstehenden „rassehygienischen Schäden am Volkskörper" könnten aber durch folgende „Gegenmaßregeln" bekämpft werden: *„verschärftes Durchgreifen beamteter Ärzte, künstliche Unfruchtbarmachung von Geisteskranken und Schwachsinnigen"*.[363] Bei *Verschuer* verkehrte sich das Ziel der egalitären staatlichen Sozial-

---

358 Das Thema der (Zwangs-) Sterilisierung wurde im Standesorgan 1924 und 1929 bis 1932 ausführlich debattiert. Als Generallinie lässt sich festhalten, dass die Sterilisation aus eugenischer Indikation nicht prinzipiell abgelehnt wurde, sondern dass man zunächst die Klärung der Rechtslage abwarten wolle (vgl. die Register der entsprechenden Jahrgänge des ÄVBl./DÄBl.).

359 Boeters: Zu meinem „Aufruf an die deutsche Aerzteschaft". In: ÄVBl. Nr. 1305 (11.4.1924), Sp. 101.

360 Vgl. besonders Benno Müller-Hill: Tödliche Wissenschaft. Die Aussonderung von Juden, Zigeunern und Geisteskranken 1933-1945, Reinbek b. Hamburg 1984. Zwischen 1927 und 1945 war *von Verschuer* Abteilungsleiter im KWI für Anthropologie, menschliche Erblehre und Eugenik, seit 1942 als dessen Direktor. Seit 1934 fungierte von Verschuer als Schriftleiter der monatlich erscheinenden Beilage zum Deutschen Ärzteblatt „Der Erbarzt", in der er über die Fortschritte der Rassenhygiene berichtete und Leseranfragen zu Theorie und Praxis des „Gesetzes zur Verhütung erbkranken Nachwuches" beantwortete. 1953 erhielt er den neugeschaffenen Lehrstuhl für Humangenetik an der Universität Münster.

361 Otmar Freiherr von Verschuer: Sozialpolitik und Rassenhygiene. Langensalza 1928 (= Friedrich Mann's Pädagogisches Magazin, H. 1278); S. 17 u. 21.

362 Ebd., S. 17.

363 Ebd., S. 21. Als weitergehende, ausdrücklich ärztliche Kompetenz, wünschte Berthold *Kihn*, späterer Gutachter in der Krankenmord-Aktion „T-4", bereits 1932 die Möglichkeit der „Vernichtung lebensunwerten Lebens", denn in den wirtschaftlichen Krisenzeiten Ende der Weimarer Republik verböten sich „unnötige Ausgaben der öffentlichen Hand von selbst"

politik, die sozial Schwachen zu unterstützen und deren Lebensumstände zu bessern, zur Absicherung der privilegierten Stellung der Besserverdienenden. Diese seien schließlich, wie er weiter argumentierte, „das Edelgut der Rasse" und „notwendig zur Sicherung und Förderung des Staates".[364] *„(S)owohl rassenhygienisch wie staatspolitisch"* müsse daher vordringliche Aufgabe der Sozialpolitik sein, *„den geistigen Arbeitern die Lebensbedingungen zu sichern, die sie zur Erfüllung ihrer verantwortungsvollen beruflichen Aufgaben sowie ihrer rassenhygienischen Pflichten benötigen"*.[365]

Ein Erklärungsfaktor für das Schweigen gegenüber den zutiefst unmenschlichen Anwendungen der Rassenhygiene als zwangsweise durchgeführter Sterilisation oder dem zur „Euthanasie" verklärten Mord an psychisch Kranken, Tuberkulösen und „Asozialen" liegt möglicherweise in diesem elitären Menschenbild, wie es sich in der Weimarer Republik auch im *Ärztlichen Vereinsblatt / Deutsches Ärzteblatt* wiederfand. Die wahrgenommenen sozialen Unterschiede zu den Mitgliedern der gesetzlichen Krankenkassen, die in erster Linie aus den (zwangs-) versicherten Arbeitern bestanden, wurden in „Gattungsunterschiede" transformiert, die zur Rechtfertigung einer unterschiedlichen Behandlung beitrugen. Die Grenze hatte jeder Arzt individuell festzulegen, und auch die Standesordnung als kodifizierte Verhaltensnorm lieferte dem einzelnen Arzt in dieser Beziehung keinen Anhaltspunkt für ethisch korrektes Verhalten. Ein Anrecht auf medizinische Versorgung jedes Menschen, auch eines Angehörigen der Unterschicht, war ebensowenig festgelegt, wie das Recht auf eine soziale Existenzsicherung im Falle einer persönlichen Notlage. Weder die hauptberuflichen ärztlichen Standespolitiker noch die delegierten Vertreter der lokalen Ärztevereine, die die *Ärztetage* konstituierten und diese Themen diskutierten, erkannten die Notwendigkeit dieser sozialen Rechte an.

(B. Kihn: Die Ausschaltung der Minderwertigen aus der Gesellschaft. Vortrag, gehalten in der Erlanger-Universitäts-Vortragsgesellschaft 1932. In: AZP 1932, Bd. 98, S. 387-404, S. 391 u. 394.

364 Verschuer 1928, S. 26.

365 Ebd., S. 28 f.

4. Epilog

1987 veröffentlichte das Deutsche Ärzteblatt einen Leserbrief, der auf einen Beitrag von Klaus *Dörner* im *Deutschen Ärzteblatt* reagierte. Der Sozialpsychiater Dörner hatte dazu aufgefordert, nach über vier Jahrzehnten wenigstens jetzt den Opfern der Zwangssterilisation und ihren Angehörigen Unterstützung bei Beantragung einer Entschädigung für das im Nationalsozialismus erlittene Unrecht zukommen zu lassen. Ein Leserbriefschreiber antwortete auf dieses humanitäre Anliegen:

„Mir sind keine nach dem genannten Gesetz Operierte (oder sogar Angehörige) mit Scham- und Schuldgefühlen bekannt geworden. Ich verstehe auch nicht, warum sie solche haben sollten. Wenn sie unter Zwang sterilisiert wurden oder bei Vorliegen eines der genannten Leiden sich freiwillig operieren ließen, so können doch nur „Schwachsinnige" oder nur „bösartige" Menschen dies als einen Makel betrachten. (...) In diesem Zusammenhang von „Schmach", „Minderwertigkeit", „Nichtaufnahme in die Gemeinschaft der Bundesbürger" zu sprechen, klingt geradezu grotesk in einem Land, das die Tötung normalen Lebens aus sozialer Indikation für rechtens hält und in dem das Traumziel von Millionen Menschen die Erlangung eines „Schwerbehinderten-Ausweises" darstellt!"[366]

[366] Dr. P. Leistenschneider. In: DÄBl. Nr. 3 (14.1.1987), S. 55 f. Der Aufsatz von Klaus Dörner: Wie können die Ärzte den Überlebenden noch helfen? ist im DÄBl. Nr. 39, 26.9.1986, S. 2587-2590, abgedruckt.

5. Nachlese zum Forschungsstand nach zweiundzwanzig Jahren

Als diese Arbeit von der Philosophischen Fakultät der Universität Freiburg 1988 als Magisterarbeit im Fach Geschichte angenommenen wurde, begann die wissenschaftliche Auseinandersetzung mit dem Thema „Medizin und Nationalsozialismus" gerade an Breite zu gewinnen. Ausgelöst wurde diese Bewegung wesentlich von der Publikation der Beiträge des „Gesundheitstages" 1980, der als Gegenveranstaltung zum offiziellen „Deutschen Ärztetag" organisiert worden war. Unter der leitenden Fragestellung „Tabuisierte Vergangenheit – Ungebrochene Tradition?" waren dort verschiedene Aspekte der Geschichte der Medizin und des Ärztestandes im Nationalsozialismus vorgestellt und diskutiert worden.[367] In der Folge wurde dann zwar deutlich mehr zum Nationalsozialismus geforscht, nicht jedoch über die Geschichte des Ärztestandes in der ersten Hälfte des 20. Jahrhunderts insgesamt. Dabei handelte es sich nicht nur um den der NS-Zeit unmittelbar vorangehenden Zeitabschnitt, sondern in diesen Jahrzehnten hatten sich die deutschen Mediziner zu einer stabil organisierten Profession aus dem Bildungsbürgertum ausdifferenziert und agierten ausgesprochen selbstbewusst – nicht nur in beruflichen Belangen, sondern auch in gesundheits- und sozialpolitischen Fragen. Den Ärztestand dieser Zeit im Rahmen einer historisch-kritischen Abschlussarbeit zu untersuchen, lag für mich nahe, zumal ich damals als wissenschaftliche Hilfskraft bei Prof. Dr. Hans-Günter Zmarzlik beschäftigt war, der Zeit seines Lebens über das deutsche Bürgertum, sein Selbstverständnis und seine Affinität zu biologistischen und sozialdarwinistischen Ideologien geforscht hatte.[368]

Einen konkreten Anlass, das alte Manuskript nach vielen Jahren wieder zur Hand zu nehmen, bot die gegenwärtige öffentliche Diskussion um die „Reform des Gesundheitswesens", die in den letzten Jahren an Lautstärke und Schärfe zugenommen hat. Ein solches Beispiel aus der jüngsten Vergangenheit stellt die

367 Baader, Gerhard/Ulrich Schultz (Hg.): Medizin und Nationalsozialismus. Tabuisierte Vergangenheit – ungebrochene Tradition?, Berlin/West 1980. Neun Jahre später erfolgte eine erste umfassende Auseinandersetzung im „Deutschen Ärzteblatt". Diese Artikelserie erschien auch als Buch, s. Bleker, Johanna/Norbert Jachertz (Hg.): Medizin im Dritten Reich, Köln 1989 (2., erweiterte Aufl. 1993).

368 Zmarzlik, Hans-Günter, Der Sozialdarwinismus in Deutschland. Ein Beitrag zur Vorgeschichte des Dritten Reiches (ungedruckte Habilitationsschrift), Freiburg i.Br. 1961. Vgl. auch die leichter erhältlichen Beiträge „Der Sozialdarwinismus in Deutschland als geschichtliches Problem", in: Vierteljahreshefte für Zeitgeschichte 11 (1963), S. 246-273, und „Antisemitismus im Deutschen Kaiserreich 1871-1918", in: Martin, Bernd/Ernst Schulin (Hg.), Die Juden als Minderheit in der Geschichte, München 1981, S. 249-270.

Behauptung eines – mittlerweile zurückgetretenen – Standespolitikers dar, dass das deutsche System der Krankenkassen die Hausärzte „permanent in Existenzangst" halte. Er hatte deshalb seine bayerischen Kolleginnen und Kollegen dazu aufgerufen, die Kassenzulassung zurück zu geben und sich ihre therapeutischen Bemühungen in Zukunft ausschliesslich per Privatliquidation vergüten zu lassen. Eine keineswegs originelle Forderung, wie ein Blick in die ältere Standespresse zeigt, denn auch in den 1920er Jahren wurde eine „gesicherte ärztliche Existenz" vom Ausstieg aus dem System der solidarischen Absicherung von Krankheitsrisiken erwartet. Die Re-Privatisierung der Arzt-Patienten-Beziehung sollte das (kassen-) ärztliche Dilemma lösen, indem sie den Arzt von den lästigen Vorschriften der Kassenvorstände und der „therapia oeconomica" befreite: „*Solange der ärztliche Beruf ein freier Beruf ist, muß er die Möglichkeit haben, unbegrenzt zu verdienen. Der Arzt darf doch Kranke, die zu ihm kommen, nicht abweisen, sonst handelt er vertragswidrig. Eine Pauschale ist abzulehnen*", resümierte ein Redner auf dem bayerischen Ärztetag 1929 in Regensburg knapp die Vorteile.

Dass die Auseinandersetzungen um die Formen der Absicherung gesundheitlicher Versorgung sowie um Rolle und Selbstverständnis der Ärzteschaft in den unterschiedlichen Systemen bereits seit über einhundert Jahren geführt werden, ist in der historischen Forschung bekannt. Die Entwicklung des Gesundheits- und Sozialwesens wird aber oft aus der Perspektive der Ärzte dargestellt, zumal diese schon rein zahlenmäßig zur schriftlichen Überlieferung wesentlich mehr Quellenmaterial beigetragen haben als Vertreter der anderen Akteursgruppen der Krankenkassenangestellten oder gar der Patienten und Patientinnen[369]. Die Diskussion über eine vermeintliche „Proletarisierung des Ärztestandes"[370] begann mit der Einführung der obligatorischen gesetzlichen Krankenversicherung im Deutschen Kaiserreich in den 1880er Jahren. Zu Beginn des 20. Jahrhunderts proklamierten lokale Ärztevereine gegen die sich ändernden Berufsverhältnisse sogar den „Ärztestreik"[371]: Indem sie die Annahme von Krankenscheinen ver-

---

[369] „Patientengeschichte" als eigenständiger Zweig der sozial- und kulturhistorisch erweiterten Medizingeschichte beginnt sich erst zu entwickeln, vgl. z.B. den Beitrag von Katharina Ernst: Patientengeschichte – Die kulturhistorische Wende in der Medizinhistoriographie, in: Bröer, Ralf (Hg.), Eine Wissenschaft emanzipiert sich. Die Medizinhistoriographie von der Aufklärung bis zur Postmoderne, Pfaffenweiler 1998, S. 97-110, sowie jetzt die Beiträge des von Philipp Osten herausgegebenen Sammelbandes „Patientendokumente. Krankheit in Selbstzeugnissen" (= MedGG-Beiheft 35, Stuttgart 2010).

[370] Seidel, Hans-Christoph: Der „proletarisierte" Kassenarzt. Aspekte des sozialen Selbstbildes von Ärzten in der Weimarer Republik, in: Medizin, Gesellschaft, Geschichte Bd. 15, 1997, S. 33-62, sowie Ders.: Berufsethos und Gewinnstreben. Die deutschen Ärzte 1900 bis 1933, Büschenfeld, Jürgen u.a. (Hg.): Wissenschaftsgeschichte heute. Festschrift für Peter Lundgreen, Bielefeld 2001, S. 96-116.

[371] Neuhaus, Rolf: Arbeitskämpfe, Ärztestreiks, Sozialreformer. Sozialpolitische Konfliktregelung 1900-1914, Berlin/West 1986. Zu den 1920er Jahren kursorisch: Wolff, Eberhard,

weigerten und Mitglieder von Krankenkassen nur gegen Barzahlung behandelten, sollte über die erkrankten Versicherten Druck auf die Kassenverwaltung ausgeübt werden, um diese zur Einführung professionsfreundlicherer Arbeits- und Einkommensbedingungen zu bewegen.

In den Jahren der Weimarer Republik gewannen diese Auseinandersetzungen vor dem Hintergrund der stetig wachsenden Zahl von Versicherten eine weitere, über die Berufspolitik hinausgehende, allgemein politische Dimension.[372] Den standespolitisch organisierten Ärzten standen plötzlich Politiker – und nach der Einführung des Frauenwahlrechtes 1919 auch Politikerinnen[373] – als Verhandlungspartner gegenüber, die sich einer Wählerschaft verpflichtet fühlten, die fast ausschliesslich aus gesetzlich krankenversicherten Personen bestand. Diese gehörten mehrheitlich der Arbeiter- und unteren Angestelltenschicht an und waren in öffentlich bezuschussten Kassen zwangsversichert, weil ihr Einkommen gering war.[374] Eine Pflichtversicherungsgrenze war eingeführt worden, um diese Mehrheit der Erwerbstätigen vor den hohen, für sie untragbaren Kosten einer privaten Krankenbehandlung zu schützen. Da im Falle einer Zahlungsunfähigkeit des einzelnen Erkrankten letzten Endes staatliche und kommunale Einrichtungen zur Kompensation der Krankheitskosten mit Armenunterstützung und Sozialleistungen einspringen mussten, entstammte diese Regelung nicht nur einer patriarchalisch-fürsorgerischen sozialen Staatsidee, sondern sie diente auch dem haushaltspolitischen Ziel einer Begrenzung der Staatsausgaben für Armutskosten.[375]

Nicht nur wegen der vielfältigen Bezüge zu gegenwärtigen Diskussionen und Argumentationsmustern ist die vorliegende Arbeit über „Ärzte, Gesundheitswe-

---

Ärztestreik und Ambulatorium, in: DAeBl 1997, H. 21, S. 1420 f., ausführlich die regionalen Studien in Hansen, Eckhard u.a.: Seit über einem Jahrhundert: Verschüttete Alternativen in der Sozialpolitik. Sozialer Fortschritt, organisierte Dienstleistermacht und nationalsozialistische Machtergreifung: Der Fall der Ambulatorien in den Unterweserstädten und Berlin, Köln 1981.

372 Zum Gesamtrahmen vgl. auch Benz, Wolfgang (Hg.): Das 20. Jahrhundert (1918-2000) (= Gebhardt. Handbuch der deutschen Geschichte. Zehnte, völlig neu bearbeitete Auflage, Bd. 18), Stuttgart 2010.

373 Zu Beruf der Ärztin s. Brinkschulte, Eva (Hg.): Weibliche Ärzte. Die Durchsetzung des Berufsbildes in Deutschland, Berlin 1993 sowie Ziegeler, Beate: Weibliche Ärzte und Krankenkassen. Anfänge ärztlicher Berufstätigkeit von Frauen in Berlin 1893-1935, Weinheim 1993.

374 Ritter, Gerhard A./Klaus Tenfelde: Arbeiter im Deutschen Kaiserreich 1871 bis 1914, Bonn 1992, sowie Tennstedt, Florian: Der Ausbau der Sozialversicherung in Deutschland 1890 bis 1945, in: Pohl, Hans (Hg.): Staatliche, städtische, betriebliche und kirchliche Sozialpolitik vom Mittelalter bis zur Gegenwart (= Vierteljahrsschrift für Sozial- und Wirtschaftsgeschichte, Beiheft Nr. 95), Stuttgart 1991, S. 225-243.

375 Tennstedt, Florian: Geschichte des Sozialrechts, in: Maydell, Bernd Baron von/Franz Ruland (Hg.), Sozialrechtshandbuch (SRH), Neuwied 1988, S. 66-113.

sen und Wohlfahrtsstaat“ auch heute noch spannend zu lesen. Dies ist auch zurückzuführen auf die quellenkritische Analyse und Methodik, der diese sozialhistorische Untersuchung in besonderem Maße verbunden ist. Im untersuchten Quellenmaterial wird zunächst nach dem Ursprung der Nachricht und dem Kontext ihrer Überlieferung gefragt, um anschließend die dargestellten Sachverhalte nach offenen oder verdeckten Bewertungen zu untersuchen, die von den Verfassern zumeist als neutrale, interessenunabhängige Faktenlage vorstellt werden.[376] Ausgehend von der Annahme, dass auch das ärztliche Handeln und das Selbstbild des Arztes von der sozialen Herkunft beeinflusst und durch die berufsspezifische Sozialisation geprägt werden[377], wurde nach der sozialen Zusammensetzung der deutschen Medizinerschaft gefragt. Die Auswertung der vorliegenden hochschulstatistischen Quellen ergab, dass auch in der Weimarer Republik der Arztberuf über eine relativ hohe soziale Exklusivität verfügte, d.h. dass nur ein geringer Prozentsatz von Studierenden aus weniger wohlhabenden Schichten das Medizinstudium absolvierte. Dies ist insofern von Bedeutung, weil bestimmte Problemstellungen, darunter besonders die verbreitete Geldnot eines durchschnittlichen Haushaltes der Unterschicht[378], den akademischen Ärzten selten aus eigenem Erleben vertraut waren. Die berufliche Sozialisation und der Erwerb an Status in finanzieller (Einkommen) und gesellschaftlicher Hinsicht (Sozialprestige, Ansehen) im Laufe der Arztlebens verstärkten die Tendenz der

---

376 Diese methodischen Herangehensweise unterscheidet die vorliegende Arbeit auch von vielen neueren Darstellungen zur Geschichte des Ärztestandes, wie Thomsen, Peter: Ärzte auf dem Weg ins „Dritte Reich“. Studien zur Arbeitsmarktsituation, zum Selbstverständnis und zur Standespolitik der Ärzteschaft gegenüber der staatlichen Sozialversicherung während der Weimarer Republik, Husum 1996, aber auch von Jütte, Robert (Hg.): Geschichte der deutschen Ärzteschaft. Organisierte Berufs- und Gesundheitspolitik im 19. und 20. Jahrhundert, Köln 1997.

377 Vgl. die anregenden Perspektiven, die die englische Forschung entfaltete: Oswald, Nigel T. A.: A Social Health Service Without Social Doctors, in: Social History of Medicine 4 (1991), No. 2, S. 295-315, Ders.: Training Doctors for the National Health Service. Social Medicine, Medical Education and the GMC 1936-48, in: Porter, Dorothy (ed.), Social Medicine and Medical Sociology in the Twentieth Century, Amsterdam, Atlanta 1997, S. 59-80, und Bonner, Thomas Neville: Becoming a Physician. Medical Education in Britain, France, Germany, and the United States, 1750-1945, Oxford, New York 1995.

378 Vgl. aber jetzt das neue Forschungsfeld der „Armutsstudien“; für Deutschland besonders die Arbeiten von Martin Krieger: Arme und Ärzte, Kranke und Kassen. Ländliche Gesundheitsversorgung und kranke Arme in der südlichen Rheinprovinz (1869 bis 1930), Stuttgart 2008, Ders.: Kranksein kostet. Krankheit als Gegenstand und Strategie der Aushandlung von Behandlung und Bezahlung am Beispiel eines lokalen „Armenfonds“ um 1930, in: Bricolage 5 (2010), S. 126-140, sowie (mit eindrücklichen Dokumentarfotos von Leben in Armut in den 1920er Jahren) Ders.: Walking stick and begging permit: Perceptions of rural poverty in photography from Germany between 1916 and 1936, in: Gestrich, Andreas u.a. (eds.), Being poor in modern Europe: Historical perspectives 1800-1940, Oxford 2006, S. 441-466.

sozialen Separation noch. Dies wird besonders sichtbar in Habitus, Rhetorik und Argumentation der ärztlichen Standespolitiker, die in der Regel erst in höherem Lebensalter in eine derartige Funktion gewählt wurden.[379]

Korrespondierend mit der relativen sozialen Geschlossenheit des Ärztestandes, die bei den aktiven ärztlichen Standespolitikern noch deutlicher in Erscheinung trat als beim Durchschnitt der Ärzteschaft, ist nicht nur für das Deutsche Kaiserreich, sondern auch noch in den Jahren der Weimar Republik eine „Fremdheit" des ärztliches Blickes auf den Kassenpatienten wahrzunehmen.[380] Die im Grunde unsinnigen Versuche, diese Kranken durch Einführung von Zusatzkosten von Arztbesuchen abzuhalten oder zur Sparsamkeit in der Arzneiverwendung anzuhalten, lassen sich im kulturanthropologischen Sinn als Übertragung einer „Zivilisierungsmission" auf die Unterschichten des 19. Jahrhunderts interpretieren.

Mit dem Patientenbild eines aufgeklärten, gleichberechtigten Bürgers ist diese Haltung nur schwer zu vereinbaren, aber dem zeitgenössischen ärztestandlichen Selbstbild in der ersten Hälfte des 20. Jahrhunderts [381] entsprach auch eher der „Arzt als Führer" als das uns heute als vorbildlich geltende partizipative Modell des „shared-decision-making". Indem diese Arbeit als historische Darstellung die Veränderung des medizinischen Berufs- und Tätigkeitsfeldes sowie ihrer Akteure in den verschiedenen Gesellschaftsformen zu reflektieren versucht, hebt sie sich von der „klassischen" Standesgeschichtsschreibung ab. Die sozialhistorisch-kritische Methode und die Einbeziehung eines kulturhistorischen Ansatzes erweisen sich durchaus als Zugewinn für die Kenntnis des Arztberufs, der Ärzteschaft und ihrer Standesorganisationen in der Geschichte.

---

379 Diese Daten wurden für die vorliegende Arbeit erstmals erhoben und sind in zahlreichen Tabellen im Anhang des Buches dokumentiert.

380 Zu Patienten mit Migrationshintergrund vgl. zum Beispiel „Der fremde Patient", in: Noack, Thorsten u.a., Querschnitt Geschichte, Theorie und Ethik der Medizin, München, Jena 2007, S. 37-46.

381 Vgl. Bleker, Johanna: Der Mythos vom unpolitischen Arzt. Historische Überlegungen zum Unterschied zwischen politischer Abstinenz und Toleranz, in: Abholz, Heinz-Harald (Hg.), Rationalitäten in der Medizin (Jahrbuch für kritische Medizin, Bd. 22), Berlin 1994, S. 164-186, sowie Brigitte Waigand: Antisemitismus auf Abruf. Das Deutsche Ärzteblatt und die jüdischen Mediziner 1918-1933 (= Medizingeschichte im Kontext, Bd. 7), Frankfurt/Main 2001.

6. Literaturverzeichnis

Abderhalden, Emil: Das Recht auf Gesundheit und die Pflicht sie zu erhalten. Die Grundbedingungen für das Wohlergehen von Person, Volk, Staat und der gesamten Nationen, Leipzig 1921

Ders.: Die hohen Aufgaben des deutschen Demokraten und seiner Partei, Halle a. d. Saale 1919

Abelshauser, Werner (Hg.): Die Weimarer Republik als Wohlfahrtsstaat. Zum Verhältnis von Wirtschafts- und Sozialpolitik in der Industriegesellschaft, Stuttgart 1987

Albrecht, Gerhard: Ablehnung oder Erneuerung der Bismarckschen Sozialversicherung? (= Friedr. Mann's Päd. Magazin, H. 1280), Langensalza 1929

Aly, Götz: Die wissenschaftliche Abstraktion des Menschen, in: Evangelische Akademie Bad Boll (Hg.) 1983, S. 83-101

Ders.: Medizin gegen Unbrauchbare, in: Beiträge zur NS-Gesundheitspolitik 1985, Bd. 1, S. 9-74

Ambrosius, Gerold/William H. *Hubbard*: Sozial- und Wirtschaftsgeschichte Europas im 20. Jahrhundert, München 1986

Anschütz, Gerhard (Hg.): Handbuch der Politik (6 Bde.) Berlin, Leipzig 1920-1926

Aschoff, Ludwig/Paul *Diepgen*: Kurze Übersichtstabelle zur Geschichte der Medizin (5., vermehrte u. verbesserte Aufl.), München 1943

Auernheimer, Gustav: „Genosse Herr Doktor". Zur Rolle von Akademikern in der deutschen Sozialdemokratie 1890 bis 1933, Gießen 1985

Baader, Gerhard/Ulrich *Schultz* (Hg.): Medizin und Nationalsozialismus. Tabuisierte Vergangenheit – ungebrochene Tradition?, Berlin/West 1980

DeBary, Alfred: Der Arzt im öffentlichen Gesundheitswesen der Länder und Gemeinden, in: Illustrierte Zeitung 1933, Nr.4589 (= Sonderheft „Arzt und Volk", S. 240)

Bastian, Till: Von der Eugenik zur Euthanasie. Ein verdrängtes Kapitel aus der Geschichte der Deutschen Psychiatrie, Bad Wörishofen 1981

Bleker, Johanna/Heinz-Peter *Schmiedebach* (Hg.): Medizin und Krieg. Vom Dilemma der Heilberufe 1865 bis 1985, Frankfurt/Main 1987

Bleker, Johanna: Die Diskussion über Medizin und Krieg in der Bundesrepublik nach 1945. Ein Überblick, in: Bleker/Schmiedebach (Hg.) 1987, S. 232-255

Bock, Gisela: Sterilisationspolitik im Nationalsozialismus: Die Planung einer heilen Gesellschaft durch Prävention, in: Dörner (Hg.) 1984, S. 88-104

Dies.: Zwangssterilisation im Nationalsozialismus. Studien zur Rassenpolitik und Frauenpolitik, Köln, Opladen 1986

Boese, Franz: Geschichte des Vereins für Sozialpolitik, Berlin 1938

Bonhoeffer, Karl (Hg.): Geistes- und Nervenkrankheiten (= Handbuch d. Ärztlichen Erfahrungen im Weltkriege 1914/18, hg. v. O. Schjerning, Bd. 4), Leipzig 1934

Born, Karl Erich: Staat und Sozialpolitik seit Bismarcks Sturz. Ein Beitrag zur Geschichte der innenpolitischen Entwicklung des Deutschen Reiches 1890-1914, Wiesbaden 1957

Bourmer, Horst: Zur Einführung: Gedanken zum Selbstverständnis des Arztes am 75. Jahrestag des Hartmannbundes, in: Schadewaldt 1975, S. 6-12

Brand, Ulrich: Ärztliche Ethik im 19. Jahrhundert. Der Wandel ethischer Inhalte im medizinischen Schrifttum. Ein Beitrag zum Verständnis der Arzt-Patient-Beziehung, Freiburg i.Br. 1977

Bromberger, Barbara u.a.: Medizin, Faschismus, Widerstand. Drei Beiträge, Köln 1985

Bruch, Rüdiger vom (Hg.): „Weder Kommunismus noch Kapitalismus“. Bürgerliche Sozialreform in Deutschland vom Vormärz bis zur Ära Adenauer, München 1985

Clever, Ulrich: Die Geschichte der Standesorganisationen und ihre oppositionellen Alternativen, in: Baader/Schultz (Hg.) 1985, S. 75-82

Conze, Werner: Mittelstand, in: Brunner u.a. (Hg.): Geschichtliche Grundbegriffe 1978, Bd. 4, S. 49-92

Craig, John E.: Higher Education and Social Mobility in Germany, in: Jarausch (Ed.) 1983, S. 219-244

Crüger, Manfred: Ärztliches Selbstverständnis im Wandel (Diss. med.), Bonn 1973

Czarnikow, Rainer: Die Haltung der westdeutschen Ärztekammern zwischen 1945 und 1949 zu den faschistischen Medizinverbrechern, in: Thom/Spaar (Hg.) 1985, S. 264-268

Deneke, J. F. Volrad: Arztbild-Stereotype in der Öffentlichkeit (zuerst 1977), in: Deneke 1985, S. 37-63

Ders.: Volrad: Aspekte und Probleme der Medizinpublizistik. Bestandsaufnahmen und Analysen zur historischen und aktuellen Präsentation von Medizin in Massenmedien, Bochum 1985

Ders.: Die freien Berufe, Stuttgart 1956

Deppe, Hans-Ulrich: Krankheit ist ohne Politik nicht heilbar. Zur Kritik der Gesundheitspolitik, Frankfurt/Main 1987

Dersee, Thomas/Stephan *Dupke* (Hg.): Bankrott der Gesundheitsindustrie. Eine Kritik des bestehenden medizinischen Versorgungssystems (= Dokumentation des Gesundheitstages, Berlin 1980, Bd. 4), Berlin/West 1981

Diepgen, Paul: Die Heilkunde und der ärztliche Beruf. Eine Einführung, München, Berlin 1938

Doehlemann, Martin (Hg.): Wem gehört die Universität? Untersuchungen zum Zusammenhang von Wissenschaft und Herrschaft anläßlich des 500jährigen Bestehens der Universität Tübingen, Gießen 1977

Dörner, Klaus: NS-Euthanasie: Zur Normalisierung des therapeutischen Tötens, in: Dörner (Hg.) 1984, S. 105-116

Ders. (Hg.): Fortschritte der Psychiatrie im Umgang mit Menschen. Wert und Verwertung des Menschen im 20. Jahrhundert, Rehburg-Loccum 1984

Doerry, Martin: Übergangsmenschen. Die Mentalität der Wilhelminer und die Krise des Kaiserreichs, Weinheim, München 1986

Ebbinghaus, Angelika (Hg.): Opfer und Täterinnen. Frauenbiographien des Nationalsozialismus (= Schriften der Hamburger Stiftung für Sozialgeschichte des 20. Jahrhunderts, Bd. 2), Nördlingen 1987

Ebermayer, Ludwig u.a.: Der Arzt und der Staat. Sieben Vorträge, gehalten im Winter 1928/29 (= Vorträge des Instituts für Geschichte der Medizin an der Universität Leipzig, Bd. 2), Leipzig 1929

Ders.: Arzt und Patient in der Rechtsprechung, Berlin 1924

Ders.: Der Arzt im Recht. Rechtliches Handbuch für Ärzte, Leipzig 1930

Ehrke, Thomas Rainer: Antisemitismus in der Medizin im Spiegel der „Mitteilungen aus dem Verein zur Abwehr des Antisemitismus“ (1891-1931) (Diss. med.), Mainz 1978

Eschmann, Ernst Wilhelm (Bearb.): Wo findet die deutsche Jugend neuen Lebensraum? Bericht über die Rundfrage des Deutschen Studentenwerks, hg. v. Deutschen Studentenwerk e.V., Berlin, Leipzig 1932

Evangelische Akademie Bad Boll: Medizin im Nationalsozialismus. Tagung vom 30. April bis 2. Mai 1982 in Bad Boll, o.O. [Bad Boll] o.J.[1982]

Finkenrath, Kurt: Die Verstaatlichung des Patienten, in: Ebermayer u.a. 1929, S. 60-90

Fischer, Karl H.: Artikel 161 Sozialversicherung, in: Nipperdey (Hg.) 1930, S. 452-464

Frankenthal, Käte: Aerzteschaft und Faschismus, in: Der Sozialistische Arzt 1932, H. 6, S. 101-107

Freidson, Eliot: Der Ärztestand. Berufs- und wissenschaftssoziologische Durchleuchtung einer Profession, Stuttgart 1979

Frevert, Ute: Krankheit als politisches Problem 1770-1880. Soziale Unterschichten in Preußen zwischen medizinischer Polizei und staatlicher Sozialversicherung, Göttingen 1984

Dies.: Professional Medicine and the Working Classes in Imperial Germany, in: Journal of Contemporary History 20, 1985, S. 637-658

Freyer, Hans: Der Arzt und die Gesellschaft, in: Ebermayer u.a. 1929, S. 9-18

Gaedt, Christian/Udo *Schagen* (Hg.): Entwicklung und Struktur des Gesundheitswesens. Argumente für eine soziale Medizin V (= Argument Sonderband AS 4), Berlin/West 1974

Gaupp, Robert: Schreckneurosen und Neurasthenie, in: Bonhoeffer (Hg.) 1922/1934, Bd. 4, S. 68-101

Geiger, Theodor: Die soziale Schichtung des deutschen Volkes. Soziographischer Versuch auf statistischer Grundlage (zuerst Stuttgart 1932), Stuttgart 1967

Gelsner, Kurt: Der Marburger Bund. Chronik der organisierten Krankenhausärzte, Frankfurt/Main u.a. 1985

Göckenjan, Gerd: Kurieren und Staat machen. Gesundheit und Medizin in der bürgerlichen Welt, Frankfurt a.M. 1985

Ders.: Medizin und Ärzte als Faktor der Disziplinierung der Unterschichten. Der Kassenarzt, in: Sachsse/Tennstedt (Hg.) 1986, S. 286-303

Goetz, Leopold Karl: Soziale Schichtung der Studenten und Studentinnen in Preußen, in: Die Frau 1928, H. 4, S. 217-227

Groh, Dieter: Negative Integration und revolutionärer Attentismus. Die deutsche Sozialdemokratie am Vorabend des Ersten Weltkrieges, Frankfurt/Main u.a. 1973

Graf, Eduard: Das ärztliche Vereinswesen in Deutschland und der Deutsche Ärztevereinsbund. Festschrift dem 10. Internationalen Medizinischen Kongress gewidmet vom Geschäftsausschuss des Deutschen Ärztevereinsbundes, Leipzig 1890

Graumann, Carl Friedrich (Hg.): Psychologie im Nationalsozialismus, Berlin/West u.a. 1985

Grotjahn, Alfred: Die ärztlichen Aufgaben des Staates, in: Ebermayer u.a. 1929, S. 19-27

Güse, Hans-Georg/Norbert *Schmacke*: Psychiatrie zwischen bürgerlicher Revolution und Faschismus (2 Bde.), Kronberg/Ts. 1976

Gundlach, Horst: Willy Hellpach: Attributionen, in: Graumann (Hg.) 1985, S. 165-195

Haase-Bessell, Gertrud: Bevölkerungspolitik, in: Die Frau 1924, H. 10, S. 291-296

Dies.: Minderwertige, in: Die Frau 1924, H. 12, S. 367-372

Hadrich, Julius: Die Arztfrage in der deutschen Sozialversicherung. Ihre soziologischen und wirtschaftlichen Probleme, Berlin/West 1955

Haedenkamp, Karl: Der Arzt in der Sozialversicherung, in: Illustrierte Zeitung 1933, Nr. 4589 (= Sonderheft „Arzt und Volk“, S. 238-240)

Hansen, Eckhard u.a.: Seit über einem Jahrhundert: Verschüttete Alternativen in der Sozialpolitik. Sozialer Fortschritt, organisierte Dienstleistermacht und nationalsozialistische Machtergreifung: Der Fall der Ambulatorien in den Unterweserstädten und Berlin, Köln 1981

Hartz, Gustav: Irrwege der deutschen Sozialpolitik und der Weg zur sozialen Freiheit, Berlin 1928

Haug, Wolfgang Fritz: Die Faschisierung des bürgerlichen Subjekts. Die Ideologie der gesunden Normalität und die Ausrottungspolitiken im deutschen Faschismus, Berlin/West 1986

Heiber, Helmut: Die Republik von Weimar (14. Aufl.), München 1981

Helmich, Hermann-Josef: Untersuchungen zu Lebensläufen von NS-Ärzten – Ergebnisse einer Durchsicht von Akten des Instituts für Zeitgeschichte über verurteilte Ärzte unter politisch-pädagogischem Aspekt und unter der Frage nach Sozialprofil und Karrieremuster (Pädagogische Diplomarbeit), Duisburg 1983

Hentschel, Volker: Geschichte der deutschen Sozialpolitik 1880-1980. Soziale Sicherung und kollektives Arbeitsrecht, Frankfurt/Main 1983

Ders.: Wirtschaft und Wirtschaftspolitik im wilhelminischen Deutschland. Organisierter Kapitalismus und Interventionsstaat, Stuttgart 1978

Hermann, Heiner: Die „freien Berufe“ – Herkunft, Wandlung und heutiger Begriff – dargestellt an einem Vergleich der Handwerker einerseits und im besonderen der Ärzte, Anwälte und Künstler andererseits (Diss. jur.), Frankfurt/Main 1971

Herweg, Ilona: Über Themen der ärztlichen Standespolitik in Deutschland von 1926 bis 1933 aufgrund von Sitzungsprotokollen des Vorstands und des Geschäftsausschusses des Deutschen Ärztevereinsbundes (Diss. med.), München 1976

Hesse, Ariane: Ärztliche Vereine und Standesvertretungen in Freiburg i.Br. von ihren Anfängen bis zur Gegenwart (Diss. med.), Freiburg i.Br. 1978

Heyde, Ludwig: Abriss der Sozialpolitik (4. Aufl.), Leipzig 1923

Hohorst, Gerd u.a.: Sozialgeschichtliches Arbeitsbuch. Bd. II: Materialien zur Statistik des Kaiserreiches 1870-1914 (2. Aufl.), München 1978

Horneffer, Ernst: Frevel am Volk. Gedanken zur deutschen Sozialpolitik, Leipzig 1929

Hoske, Hans: Die menschliche Leistung als Grundlage des totalen Staates, Leipzig 1936

Hubenstorf, Michael: Von der Medizinischen Reform zum „Leibregiment des Hauses Hohenzollern“ – Ärzte, Krieg und Frieden im Jahre 1870/71, in: Bleker/Schmiedebach (Hg.) 1987, S. 45-89

Huerkamp, Claudia: Ärzte und Professionalisierung in Deutschland. Überlegungen zum Wandel des Arztberufes im 19. Jahrhundert, in: GG 20, 1980, H.3, S. 349-382

Dies.: Der Aufstieg der Ärzte im 19. Jahrhundert. Vom gelehrten Stand zum professionellen Experten: Das Beispiel Preußen, Göttingen 1985

Dies./Reinhard *Spree*: Arbeitsmarktstrategien der deutschen Ärzteschaft im späten 19. und frühen 20. Jahrhundert. Zur Entwicklung des Marktes für professionelle ärztliche Dienstleistungen, in: Pierenkemper/Tilly (Hg.) 1982, S. 77-116

Jarausch, Konrad H.: Deutsche Studenten 1800-1970, Frankfurt/Main 1984

Ders.: Die Not der geistigen Arbeiter: Akademiker in der Berufskrise 1918-1933, in: Abelshauser (Hg.) 1987, S. 280-299

Ders.: Higher Education and Social Change: Some Comparative Perspectives, in: Jarausch (Ed.) 1983, S. 9-36

Ders.: The Crisis of German Professions 1918-1933, in: Journal of Contemporary History 20, 1985, S. 379-398

Ders. (Ed.): The Transformation of Higher Learning 1860-1930. Expansion, Diversification, Social Opening and Professionalization in England, Germany, Russia and the United States, Stuttgart 1983

Jeschal, Godwin: Politik und Wissenschaft deutscher Ärzte im Ersten Weltkrieg. Eine Untersuchung anhand der Fach- und Standespresse und der Protokolle des Reichstags (Diss. med.), Pattensen b. Hannover 1979

Kaelble, Hartmut: Industrialisierung und soziale Ungleichheit. Europa im 19. Jahrhundert. Eine Bilanz, Göttingen 1983

Ders.: Soziale Mobilität in den USA und Deutschland 1900-1960: Ein vergleichender Forschungsbericht, in: Kaelble (Hg.) 1978, S. 109-125

Ders.: Soziale Mobilität und Chancengleichheit im 19. und 20. Jahrhundert. Deutschland im internationalen Vergleich, Göttingen 1983

Ders. (Hg.): Geschichte der sozialen Mobilität seit der industriellen Revolution, Königstein /Ts. 1978

Kater, Michael H.: Physicians in Crisis at the End of the Weimar Republic, in: Stachura (Ed.) 1986, S. 49-77

Ders.: Professionalization and Socialization of Physicians in Wilhelmine and Weimar Germany, in: Journal of Contemporary History 20, 1985, S. 677-701

Ders.: Studentenschaft und Rechtsradikalismus in Deutschland 1918-1933. Eine sozialgeschichtliche Studie zur Bildungskrise in der Weimarer Republik, Hamburg 1975

Kaupen-Haas, Heidrun: Rassenhygiene – Hebamme der modernen Genetik, in: Mitteilungen d. Dokumentationsstelle für NS-Sozialpolitik 1986, H. 13/14, S. 43-55

Dies. (Hg.): Der Griff nach der Bevölkerung. Aktualität und Kontinuität nazistischer Bevölkerungspolitik (= Schriften der Hamburger Stiftung für Sozialgeschichte des 20. Jahrhunderts, Bd. 1), Nördlingen 1986

Kessler, Eugen: Die ärztlichen Berufsorganisationen (Diss. jur.), Quakenbrück 1934

Klasen, Eva-Maria: Die Diskussion über eine „Krise" der Medizin in Deutschland zwischen 1925 und 1935 (Diss. med.), Mainz 1984

Klee, Ernst: „Euthanasie" im NS-Staat. Die „Vernichtung lebensunwerten Lebens", Frankfurt/Main 1983

Ders.: Was sie taten – Was sie wurden. Ärzte, Juristen und andere Beteiligte am Kranken- oder Judenmord, Frankfurt/Main 1986

Kocka, Jürgen: Bürgertum und Bürgerlichkeit als Probleme der deutschen Geschichte vom späten 18. bis zum frühen 20. Jahrhundert, in: Kocka (Hg.) 1987, S. 21-63

Ders.: Klassengesellschaft im Krieg. Deutsche Sozialgeschichte 1914-1918 (2. Aufl.), Göttingen 1978

Ders.: Stand – Klasse – Organisation. Strukturen sozialer Ungleichheit in Deutschland vom späten 18. bis zum frühen 20. Jahrhundert im Aufriß, in: Wehler (Hg.) 1979, S. 137-165

Ders. (Hg.): Bürger und Bürgerlichkeit im 19. Jahrhundert, Göttingen 1987a

König, Christoph: Die Entmythologisierung der Stellung des Arztes. Eine medizinsoziologische Studie (Diss. med.), Würzburg 1987

Kolb, Eberhard: Die Weimarer Republik (= Oldenbourg Grundriß der Geschichte, Bd. 16), München, Wien 1984

Kudlien, Fridolf (Hg.): Ärzte im Nationalsozialismus, Köln 1985

Kullnick, M.: Die Entwicklung des Besuches der höheren Lehranstalten sowie der Universitäten und Technischen Hochschulen in Deutschland, in: Statistische Untersuchungen zur Lage der Akademischen Berufe 1930, S. 1-15

Labisch, Alfons: „Hygiene ist Moral – Moral ist Hygiene". Soziale Disziplinierung durch Ärzte und Medizin, in: Sachsse/Tennstedt (Hg.) 1986, S. 265-285

Ders./Florian *Tennstedt*: Der Weg zum „Gesetz über die Vereinheitlichung des Gesundheitswesens" vom 3. Juli 1934. Entwicklungslinien und -momente des staatlichen und kommunalen Gesundheitswesens in Deutschland (2 Teile), Düsseldorf 1985

Lehmann, Helmut: Ärzte und Krankenkassen (4. Aufl.), Berlin-Charlottenburg 1929

Leibfried, Stephan/Florian *Tennstedt*: Berufsverbote und Sozialpolitik 1933. Die Auswirkungen der nationalsozialistischen Machtergreifung auf die Krankenkassenverwaltung und die Kassenärzte, Bremen 1980

Dies. (Hg.): Kommunale Gesundheitsfürsorge und sozialistische Ärztepolitik zwischen Kaiserreich und Nationalsozialismus – autobiographische, biographische und gesundheitspolitische Anmerkungen von Dr. Georg Löwenstein, Bremen 1981

Lesky, Erna (Hg.): Sozialmedizin. Entwicklung und Selbstverständnis, Darmstadt 1977

Liek, Erwin: Der Arzt und seine Sendung. Gedanken eines Ketzers, München 1926

Ders.: Die Schäden der sozialen Versicherungen und Wege zur Besserung (2. Aufl.), München 1928

Luther, Ernst u.a.: Beiträge zur Ethik der Medizin. 2500 Jahre ärztlicher Eid (= Medizin und Gesellschaft, Bd. 19), Jena 1983

Mann, Gunter (Hg.): Biologismus im 19. Jahrhundert, Stuttgart 1973

Maser, Barbara: Die Medizinalreform. Der Zusammenhang zwischen Naturwissenschaften, Sozialmedizin und Standesbewegung während der Revolution von 1848/49 (Diss. med.), Freiburg i.Br. 1984

McClelland, Charles E.: Professionalization and Higher Education in Germany, in: Jarausch (Ed.) 1983, S. 306-320

Meerwarth, Rudolf: Nachwuchs und Bedarf an Ärzten und Zahnärzten in Deutschland, in: Statistische Untersuchungen zur Lage der akademischen Berufe 1930, S. 23-33

Mitscherlich, Alexander/Fred *Mielke*: Medizin ohne Menschlichkeit. Dokumente des Nürnberger Ärzteprozesses, Frankfurt/Main 1985

Modersohn, Wolf J.: Das Führerprinzip in der deutschen Medizin 1933-1945 (Diss. med.), Kiel 1982

Müller, Joachim: Sterilisation und Gesetzgebung bis 1933 (= Abhandlungen z. Geschichte d. Medizin u. d. Naturwissenschaften, H. 49), Husum 1985

Müller-Hill, Benno: Tödliche Wissenschaft. Die Aussonderung von Juden, Zigeunern

und Geisteskranken 1933-1945 (2. Aufl.), Reinbek 1985

Nadav, Daniel S.: Julius Moses und die Politik der Sozialhygiene in Deutschland (= Schriftenreihe d. Instituts f. Deutsche Geschichte, Univ. Tel Aviv, 8), Gerlingen 1985

Neuhaus, Rolf: Arbeitskämpfe, Ärztestreiks, Sozialreformer. Sozialpolitische Konfliktregelung 1900-1914, Berlin/West 1986

Nothaas, Josef: Sozialer Auf- und Abstieg im deutschen Volk. Statistische Methoden und Ergebnisse. Hg. v. Bayerischen Statistischen Landesamt, München 1930

Parlow, Siegfried: Zur Integration ärztlicher Standesorganisationen in das faschistische Machtgefüge, in: Thom/Spaar (Hg.) 1985, S. 77-84

Ders./Irina *Winter*: Der Kampf der ärztlichen Standesorganisationen gegen die Krankenkassen in der Weimarer Republik, in: Gaedt/Schagen (Hg.) 1974, S. 46-72

Petzina, Dietmar u.a.: Sozialgeschichtliches Arbeitsbuch Bd. III. Materialien zur Statistik des Deutschen Reiches 1914-1945, München 1978

Peukert, Detlev J. K.: Die Weimarer Republik. Krisenjahre der klassischen Moderne, Frankfurt/Main 1987

Pierenkemper, Toni/Richard *Tilly* (Hg.): Historische Arbeitsmarktforschung. Entstehung, Entwicklung und Probleme der Vermarktung von Arbeitskraft, Göttingen 1982

Plaut, Theodor: Der Gewerkschaftskampf der deutschen Ärzte (Diss. staatswiss.), Karlsruhe 1913

Preller, Ludwig: Sozialpolitik in der Weimarer Republik (1. Aufl. 1949), Kronberg/Ts., Düsseldorf 1978

Projektgruppe „Volk und Gesundheit“ (Hg.): Volk und Gesundheit: Heilen und Vernichten im Nationalsozialismus (3. Aufl.), Frankfurt/Main 1988

Pross, Christian/Rolf *Winau* (Hg.): ... nicht mißhandeln... Das Krankenhaus Moabit 1920-1933. Ein Zentrum jüdischer Ärzte in Berlin. 1933-1945 Verfolgung Widerstand Zerstörung (= Stätten der Geschichte Berlins, Bd. 5), Berlin/West 1984

Rauskolb, Christa: Lobby in Weiß. Struktur und Politik der Ärzteverbände, Frankfurt/ Main, Köln 1976

Richter, Lutz: Das Kassenärzterecht von 1931/32 (= Der Arzt in Recht u. Gesell., 6. Beitrag), Leipzig 1932

Ders.: Die Verstaatlichung des Arztes, in: Ebermayer u.a. 1929, S. 91-106

Ritter, Gerhard A.: Soziale Sicherheit in Deutschland und Großbritannien von der Mitte des 19. Jahrhunderts bis zum Ersten Weltkrieg, in: GG 13, 1987, S. 137-156

Roer, Dorothee/Dieter *Henkel* (Hg.): Psychiatrie im Faschismus. Die Anstalt Hadamar 1933-1945, Bonn 1986

Roessler, Wilhelm/Herbert *Viefhues*: Medizinische Soziologie. Sinn und Aufgabe des ärztlichen Berufsstandes in der Bundesrepublik Deutschland, Stuttgart, New York 1978

Rosenberg, Arthur: Entstehung und Geschichte der Weimarer Republik (2. Aufl.), Frankfurt/Main 1978

Roth, Karl Heinz: „Asoziale“ und nationale Minderheiten, in: Evangelische Akademie Bad Boll (Hg.) 1983, S. 120-134

Ders.: Schein-Alternativen im Gesundheitswesen: Alfred Grotjahn (1869-1931) – Integrationsfigur etablierter Sozialmedizin und nationalsozialistischer „Rassenhygiene“, in: Roth (Hg.) 1984, S. 31-56

Ders. (Hg.): Erfassung zur Vernichtung. Von der Sozialhygiene zum „Gesetz über Sterbehilfe“, Berlin/West 1984

Rüschemeyer, Dietrich: Bourgeosie, Staat und Bildungsbürgertum. Idealtypische Modelle für die vergleichende Erforschung von Bürgertum und Bürgerlichkeit, in: Kocka (Hg.) 1987, S. 101-120

Sachsse, Christoph/Florian *Tennstedt* (Hg.): Soziale Sicherheit und soziale Disziplinierung. Beiträge zu einer historischen Theorie der Sozialpolitik, Frankfurt a.M. 1986

Saldern, Adelheid von: „Alter Mittelstand“ im „Dritten Reich“. Anmerkungen zu einer Kontroverse, in: GG 12, 1986, S. 235-243

Schadewaldt, Hans: 75 Jahre Hartmannbund. Ein Kapitel deutscher Sozialpolitik, Bonn, Bad Godesberg 1975

Schairer, Reinhold: Die akademische Berufsnot. Tatsachen und Auswege, Jena o.J. [1932]

Schallenberger, E. Horst/Helmut *Schrey* (Hg.): Medizin und Politik. Interdisziplinäre Überlegungen und Fallstudien, Sankt Augustin 1984

Schallmayer, Wilhelm: Die drohende physische Entartung der Culturvölker (2. Aufl.), Berlin, Neuwied 1895

Scheuble, Julius (Hg.): Hundert Jahre staatliche Sozialpolitik 1839-1939. Aus dem Nachlaß von Geheimrat Dr. Friedrich Syrup, bearb. v. Otto Neuloh, Stuttgart 1957

Schröder, Wilhelm Heinz (Hg.): Lebenslauf und Gesellschaft. Zum Einsatz von kollektiven Biographien in der historischen Sozialforschung (= Historisch-sozialwissenschaftliche Forschungen, Bd.18), Stuttgart 1985

Schulz, Günther: Bürgerliche Sozialreform in der Weimarer Republik, in: Bruch (Hg.) 1985, S. 181-217

Schweitzer, Arthur: Die Nazifizierung des Mittelstandes, Stuttgart 1970

Seidel, Ralf: Euthanasie zwischen Mord und künstlichem Leben, in: Evangelische Akademie Bad Boll (Hg.) 1983, S. 106-119

Spree, Reinhard: Soziale Ungleichheit vor Krankheit und Tod. Zur Sozialgeschichte des Gesundheitsbereichs im Deutschen Kaiserreich, Göttingen 1981

Stachura, Peter D. (Ed.): Unemployment and the Great Depression in Weimar Germany, London 1986

Stauder, Alfons: Arzt und Staat, in: Illustrierte Zeitung 1933, Nr.4589 (= Sonderheft „Arzt und Volk"), S. 232-233

Stegmann, Dirk: Die Erben Bismarcks. Parteien und Verbände in der Spätphase des Wilhelminischen Deutschlands. Sammlungspolitik 1897-1918, Köln, Berlin/West 1970

Steinhoff, Hagen: Die Einwirkungen der Deutschen Ärztetage seit ihrem Bestehen 1873 auf die Entstehung, das Werden und Wachsen des ärztlichen Berufsrechts, insbesondere der ärztlichen Berufsordnungen (Diss. med.), Düsseldorf 1974

Steinmann, Reinhard: Die Debatte über medizinische Versuche am Menschen in der Weimarer Republik (Diss. med.), Tübingen 1975

Stern, Fritz: Kulturpessimismus als politische Gefahr. Eine Analyse nationaler Ideologie in Deutschland, Bern u.a. 1963

Stier, Ewald: Rentenversorgung bei nervösen und psychisch erkrankten Feldzugsteilnehmern, in: Bonhoeffer (Hg.) 1922/1934, S. 168-194

Tennstedt, Florian: Geschichte der Selbstverwaltung in der Krankenversicherung von der Mitte des 19. Jahrhunderts bis zur Gründung der Bundesrepublik Deutschland, Bonn [1978]

Ders.: Sozialgeschichte der Sozialpolitik in Deutschland. Vom 18. Jahrhundert bis zum Ersten Weltkrieg, Göttingen 1981

Ders.: Vom Proleten zum Industriearbeiter. Arbeiterbewegung und Sozialpolitik in Deutschland 1800 bis 1914, Köln 1983

Thiele, Wilhelm: Zum Verhältnis von Ärzteschaft und Krankenkassen 1883 bis 1913, in: Gaedt/Schagen (Hg.) 1974, S. 19-45

Thom, Achim/Horst *Spaar* (Hg.): Medizin im Faschismus. Symposium über das Schicksal der Medizin in der Zeit des Faschismus in Deutschland 1933-1945 (2. Aufl.), Berlin/DDR 1985

Thomann, Klaus-Dieter: Alfons Fischer (1873-1936) und die Badische Gesellschaft für soziale Hygiene, Köln 1980

Ders.: Auf dem Weg in den Faschismus. Medizin in Deutschland von der Jahrhundertwende bis 1933, in: Bromberger u.a. 1985, S. 15-185

Titze, Hartmut: Die zyklische Überproduktion von Akademikern im 19. und 20. Jahrhundert, in: GG 10, 1984, S. 92-121

Tobis, Hans: Das Mittelstandproblem der Nachkriegszeit (Diss. jur.), Grimmen 1930

Tutzke, Dietrich u.a.: Zur gesellschaftlichen Bedingtheit der Medizin in der Geschichte (= Medizin und Gesellschaft, Bd. 10), Jena 1981

Verschuer, Otmar Freiherr von: Sozialpolitik und Rassenhygiene (= Friedr. Mann's Pädagogisches Magazin, H. 1220), Langensalza 1928

Vondung, Klaus (Hg.): Das wilhelminische Bildungsbürgertum. Zur Sozialgeschichte seiner Ideen, Göttingen 1976

Wehler, Hans-Ulrich (Hg.): Klassen in der europäischen Sozialgeschichte, Göttingen 1979

Wernicke, J.: Mittelstandsbewegung, in: Hwb. d. Staatswiss., 4. Aufl., Bd. 6, Jena 1925, S. 594-602

Wuttke, Walter: Die Herrschaft von Künstlern. Zur ärztlichen Methodenlehre, in: Doehlemann (Hg.) 1977, S. 177-200

Wuttke-Groneberg, Walter: Medizin im Nationalsozialismus. Ein Arbeitsbuch, Tübingen 1980

7. Anhang

7.1. Abkürzungsverzeichnis

ÄVbl.	Ärztliches Vereinsblatt
Anm.	Anmerkung
Aufl.	Auflage
AZP	Allgemeine Zeitschrift für Psychiatrie
Bd., Bde.	Band, Bände
Bearb., bearb.	Bearbeiter, bearbeitet
bes.	besonders
DÄbl.	Deutsches Ärzteblatt
Ders., Dies.	Derselbe, Dieselbe
Diss.	Dissertation
Ebd., ebd.	Ebenda, ebenda
Ed., ed.	Editor, edited
f., ff.	folgende Seite, folgende Seiten
GG	Geschichte und Gesellschaft
H.	Heft
Hg., hg	Herausgeber, herausgegeben
Hwb.	Handwörterbuch
jur.	juristisch
Kap.	Kapitel
KWI	Kaiser Wilhelm-Institut
L.V.	Leipziger Verband
med.	medizinisch
Nr., Nrn.	Nummer, Nummern
o.J.	ohne Jahr
o.O.	ohne Ort
S.	Seite
Staatswiss., staatswiss.	Staatswissenschaften, staatswissenschaftlich
Tab.	Tabelle
u.a.	und andere, unter anderem
v.	von
vgl.	vergleiche
zit.	zitiert

7.2. Verzeichnis der Abbildungen

7.3. Verzeichnis der Tabellen

8. Tabellen

Tabelle 1: Soziale Herkunft von Geistlichen, Ärzten und Rechtsanwälten nach Väterberufen um 1930.

	Geistliche		Ärzte, Militärärzte, Apotheker		Rechtsanwälte, Notare	
Berufe der Väter	abs.	%	abs.	%	abs.	%
Öff. Beamte mit akad. Bildung	19	6,5	24	12	7	9,2
Lehrer mit akad. Bildung	6	2,0	5	2,5	4	5,3
Geistliche	82	28,0	8	4,0	4	5,3
Arzte, Militärärzte, Apotheker	9	3,1	30	15,0	3	4,0
Rechtsanwälte, Notare	2	0,7	3	1,5	11	14,5
Offiziere und Adel	8	2,7	4	2,0	2	2,6
Gelehrte und Hochschullehrer	5	1,7	6	3,0	4	5,3
Dichter, Schriftsteller, Journalisten	2	0,7	-	-	2	2,6
Bildende Künstler	5	1,7	-	-	-	-
Komponisten, Tonkünstler	2	0,7	-	-	1	1,3
Schauspieler, Sänger, Regisseure, Theaterdirektoren	-	-	-	-	-	-
Ingenieure, Techniker, Architekten, Chemiker usw.	1	1	1	0,5	1	1,3
Gruppe A	141	48,1	81	40,5	39	51,4
Großindustrielle (Fabrikanten, Brauereibesitzer usw.)	6	2,1	14	7,0	7	9,2
Großhändler (Kaufleute, Verleger, Bankiers, Hoteliers)	13	4,4	39	19,5	11	14,5
Großgrundbesitzer, Pächter	12	4,1	10	5,0	4	5,3
Rentiers, Privatiers	3	1,0	3	1,5	2	2,6
Privatbeamte und Angestellte in leitender Stellung (Direktoren, Syndici, Prokurist)	6	2,0	5	2,5	3	4,0
Gruppe B	40	13,6	71	35,5	27	35,6
Mittlere öff. Beamte	17	5,8	14	7,0	1	1,3
Untere öff. Beamte	-	-	1	0,5	-	-
Lehrer ohne akad. Bildung	18	6,2	7	3,5	2	2,6
Selbständige Landwirte, Gärtner	26	8,9	1	0,5	2	2,6
Kleingewerbetreibende (Handw.)	19	6,5	3	1,5	2	2,6
Kleingewerbetreibende (Handel)	17	5,8	18	9,0	2	2,6
Privatbeamte und Angestellte in untergeordneter Stellung	3	1,0	-	-	1	1,3
Militärpersonen ohne Offiziere	1	0,3	-	-	-	-
Arbeiter, Gehilfen, Gesellen, Tagelöhner, Dienstboten, Sozialrentner	11	3,8	4	2,0	-	-
Gruppe C	112	38,3	48	24,0	10	13,0
Gruppe A, B und C zusammen	293	100,0	200	100,0	76	100,0

Quelle: Sozialer Auf- und Abstieg im Deutschen Volk, hg. v. Bayerischen Statistischen Landesamt, München 1930, S. 130.

Tabelle 2: Soziale Herkunft preußischer Medizinstudenten 1852-1891.

Beruf des Vaters	1852-56	1857-61	1862-66	1867-71	1872-76	1877-81	1882-86	1887-91
Ärzte	22,9	19,5	21,2	20,0	17,5	17,3	13,4	12,7
Beamte mit akad. Ausbildung	11,3	13,2	6,8	10,2	14,5	6,8	7,3	7,1
Lehrer mit akad. Ausbildung	6,0	2,3	6,3	4,0	1,0	2,4	4,9	5,7
Geistliche	10,2	14,5	9,0	11,6	12,0	10,8	6,7	8,5
Apotheker	4,9	1,8	2,7	1,3	-	2,0	1,5	2,8
Offiziere	1,1	0,9	0,4	0,4	0,5	0,8	0,3	0,2
„Bildung"	56,4	54,7	46,8	47,5	45,5	40,2	34,3	36,5
Industrielle etc.	1,1	3,2	3,6	1,8	5,0	4,4	4,6	5,7
Rentiers	2,6	2,7	3,2	2,6	4,5	4,8	7,0	6,1
Gutsbesitzer	0,7	3,6	2,3	4,4	6,5	2,8	2,4	2,4
„Besitz"	4,5	9,5	9,0	8,9	16,0	12,0	14,1	14,2
Kaufleute/Gastwirte/Handwerker	12,4	17,3	12,6	16,0	13,0	20,5	24,8	22,2
Wunderärzte	3,8	2,7	3,6	0,4	2,0	0,8	0,3	-
Bauern	5,3	5,9	12,2	9,8	11,0	10,8	7,9	11,3
„Mittelstand alt"	21,4	25,9	28,4	26,2	26,0	32,1	33,0	33,5
Beamte ohne akad. Ausbildung/Angest.	13,5	8,2	11,7	12,4	9,0	10,0	12,2	10,4
Lehrer ohne akad. Ausbildung	3,4	3,2	4,1	4,9	3,5	5,2	6,1	5,0
„Mittelstand neu"	16,9	11,4	15,8	17,3	12,5	15,3	18,3	15,3
„Mittelstand"	38,8	37,2	44,1	43,6	38,5	47,4	51,4	48,8
Unterschicht	0,7	0,4	-	-	-	0,4	0,3	0,5

Quelle: C. Huerkamp: Der Aufstieg der Ärzte im 19. Jahrhundert, Göttingen 1985; S. 68.

Tabelle 3: Geburtsdaten von Mitgliedern des Geschäftsausschusses des Ärzteverbundes und wichtiger Referenten der Ärztetage.

bis 1850		1851-1865		1866-1880		1880-1905	
1828	Rehm*	1852	Flesch	1866	Richter*	1889	Matzdorff
1844	Schneider*	1853	Hansberg*		Lenhoff		Memelsdorff
1849	Fürbringer*	1854	Henop	1867	Bundt	1890	Staemmler
1850	Dyhrenfurth*	1855	Dippe*		Schlossmann	1892	Lejeune
		1856	Herzau*	1869	Boeters	1893	Hagen
		1857	Gottstein		Grotjahn	1894	Luxenburger
		1858	Lehmann	1870	Franz*	1895	Fetscher
			(Ebermayer)		Gaupp		
		1861	Maack		Hamel		
		1862	Moll		Hirsch		
			Hoffmann*		Stephani		
			Mugdan*	1871	Cahen*		
			Vogel*		Vollmann*		
			Braun		v. Drigalski		
			Dührssen		Loos		
		1863	Hartmann*	1872	Raecke		
			Schwalbe	1873	de Bary*		
		1865	Winkelmann*		Fischer, A.		
			Dreesmann		Quaet-Faslem		
			Streffer*	1874	Stier		
				1875	Roeder		
					Scheyer*		
					Schmincke		
					Wollenweber		
				1876	v. Brunn		
					Müller, E.		
					Ostermann		
				1877	Abderhalden		
					Bumke		
					Hellpach		
					Heubner		
					Ibrahim		
					Sachs		
				1878	v. Bergmann		
					Diepgen		
					Liek		
					Stauder*		
					Taute		
				1879	Gottheiner		
				1881	Eichelberg*		

* Mitglied des Geschäftsausschusses des Deutschen Ärztevereinsbundes im Zeitraum von 1919-1930; Unterstreichung kennzeichnet Referenten auf den Ärztetagen in der Weimarer Republik. Der Jurist Ludwig Ebermayer wurde als ständiger juristischer Berater in medizinischen und standespolitischen Fragen u.a. als Referent zur „Reichsärzteordnung“ auf dem Ärztetag 1931 geladen; in der „Deutschen „Medizinischen Wochenschrift“, hrsg. v. J. Schwalbe, veröffentlichte der Oberreichsanwalt a.D. regelmäßig zu „ärztlichen Rechtsfragen“.

Tabelle 4: Entwicklung der Studierendenzahlen in der Medizin 1913-1929/30.

	Studierende der Medizin		
Semester	männlich	weiblich	zusammen
1913	14.345	776	15.121
1913/14	14.632	868	15.500
1914	15.461	979	16.440
1914/15	12.205	951	13.156
1915	12.973	1.151	14.123
1915/16	13.361	1.122	14.483
1916	13.836	1.374	15.210
1916/17	14.598	1.450	16.048
1917	15.097	1.664	16.761
1917/18	15.868	1.799	17.667
1918	16.548	1.998	18.546
1918/19	17.759	2.078	19.837
1919	20.237	2.237	22.474
1919/20	18.780	2.108	20.888
1920	16.967	2.019	18.986
1920/21	15.480	2.055	17.535
1921	14.692	2.033	16.725
1921/22	13.241	1.852	15.093
1922	12.746	1.749	14.495
1922/23	11.650	1.723	13.373
1923	10.775	1.699	12.474
1923/24	9.217	1.521	10.783
1924	7.908	1.368	9.274
1924/25	7.196	1.321	8.517
1925	6.533	1.225	7.758
1925/26	6.490	1.197	7.687
1926	7.149	1.321	8.470
1926/27	7.224	1.309	8.533
1927	8.122	1.541	9.663
1927/28	8.326	1.573	9.899
1928	10.001	1.934	11.935
1928/29	10.367	2.081	12.448
1929	12.546	2.521	15.067
1929/30	12.929	2.715	15.644

Quelle: R. Meerwarth: Nachwuchs und Bedarf an Ärzten und Zahnärzten in Deutschland; in: Statistische Untersuchungen zur Lage der akademischen Berufe. Ergänzungsband zur Deutschen Hochschulstatistik; Winterhalbjahr 1930/31; Berlin 1930, S. 23-33; S. 27.

Tabelle 5: Gesamtzahl der immatrikulierenden Studierenden an den deutschen Universitäten und Technischen Hochschulen und der Studierenden der Medizin.

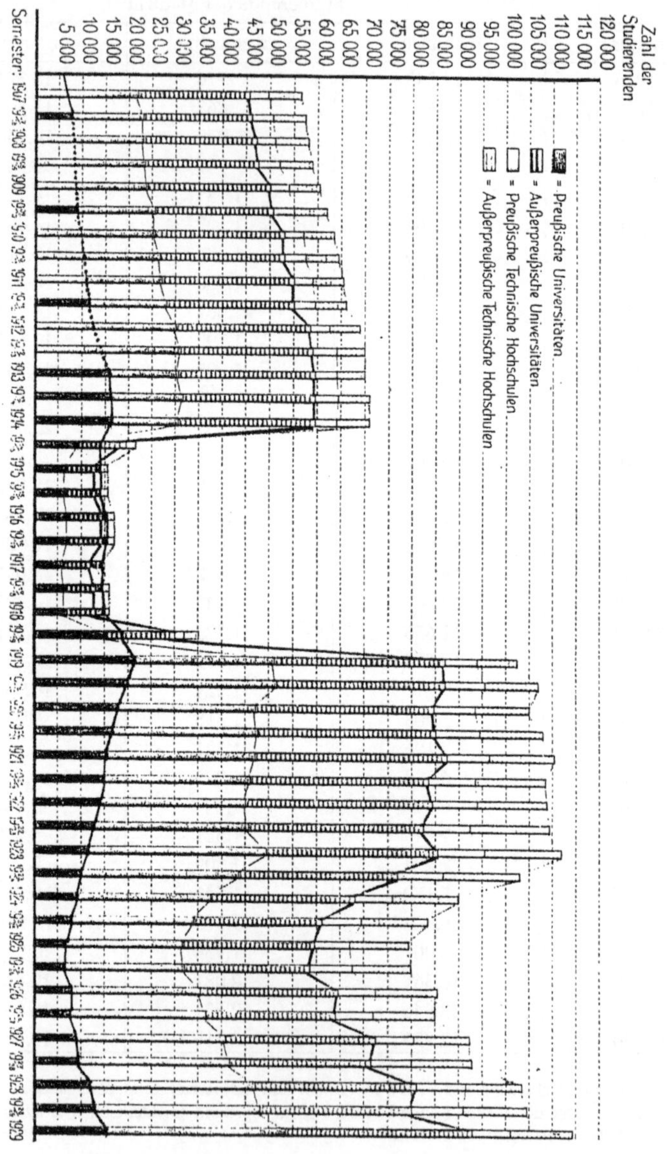

Quelle: M. Kullnick: Die Entwicklung des Besuches der höheren Lehranstalten sowie der Universitäten und Technischen Hochschulen (1930), S. 15 und Huerkamp 1985, S. 62 (Medizinstudierenden).

Tabelle 6: Soziale Herkunft der Studierenden ausgewählter Fakultäten nach Schichten.

Schicht	Stud. Pädagogik	Stud. aller Fak. ohne Medizin	Stud. aller Fakultäten	Stud. Rechts- und Staatswiss.	Stud. Medizin
A	13,48	32,23	34,78	41,94	45,63
B	69,51	60,77	58,83	53,55	50,90
C	16,20	6,24	5,55	3,79	2,72
Sonstige Berufe/ohne Beruf oder ohneNennung	0,80	0,83	0,82	0,83	0,79
	99,99*	100,07*	99,98*	100,11*	100,04*

* Die Abweichung von 100% ergibt sich aus der Auf- bzw. Abrundung bei der Umrechnung der absoluten Zahlen in Prozentanteile; Erläuterungen zur Schichtzuordnung vgl. Tabelle II im Text (S. 62).

Quelle: Deutsche Hochschulstatistik, hg. v. den Hochschulverwaltungen; Bd. 6: Winterhalbjahr 1930/31, S. 12 ff.: zur Schichteinteilung vgl. Tab. I im Text (S. 55) und Anm. 157 (S. 54 f.).

Tabelle 7: Soziale Herkunft der Studentinnen verschiedener Studienfächer nach Schichten (in Klammern: Herkunft der Studenten).

Schicht	Stud. Pädagogik	Stud. aller Fakultäten	Stud. Medizin	Stud. Rechts- und Staatswissensch.
A	24,77 (13,48)	45,65 (34,78)	54,90 (45,63)	60,28 (41,94)
B	64,33 (69,51)	51,33 (58,83)	43,45 (50,90)	37,29 (53,55)
C	10,28 (16,20)	2,25 (5,55)	0,92 (2,72)	1,19 (3,79)
sonstige Berufe/ ohne Beruf oder ohne Angabe	0,63 (0,80)	0,77 (0,82)	0,71 (0,79)	1,19 (0,83)
	100,01 (99,99)	100,00 (99,98)	99,98 (100,04)	99,95 (100,11)

Quelle: Deutsche Hochschulstatistik, hg. v. den Hochschulverwaltungen; Bd. 6: Winterhalbjahr 1930/31, S. 12 ff.: zur Schichteinteilung vgl. Tab. I im Text (S. 55) und Anm. 157 (S. 54 f.).

Tabelle 8: Soziale Herkunft der Studierenden verschiedener Fakultäten nach Väterberufen.

		Stud. aller Fak.		Medizin/Zahnmed./Tiermed./ Pharmazie		Stud. Medizin		Stud. aller Fak. (ohne Medizin)	
	Beruf des Vaters	absolut	%	absolut	%	absolut	%	absolut	%
1.	Höhere Beamte[1) 2)]	14.034	15,37	3.773	15,83	3.087	17,62	10.947	14,84
2.	Mittlere Beamte[1) 3)]	26.111	28,60	5.993	25,14	4.005	22,86	22.106	30,00
3.	Untere Beamte[1)]	2.296	2,51	399	1,67	255	1,46	2.041	2,77
4.	Angehörige freier Berufe mit akademischer Bildung[4)]	6.231	6,82	3.211	13,47	2.596	14,82	3.635	4,93
5.	Angehörige freier Berufe ohne akademische Bildung	2.013	2,20	700	2,94	392	2,24	1.621	2,20
6.	Offiziere und höhere Militärbeamte	1.381	1,51	321	1,35	265	1,51	1.116	1,51
7.	Sonstige Militärpersonen	79	0,09	25	0,10	12	0,07	67	0,09
8.	Großlandwirte[5)]	1.133	1,24	279	1,17	213	1,21	920	1,25
9.	Mittlere Landwirte	2.269	2,48	570	2,39	396	2,26	1.873	2,54
10.	Kleinlandwirte	1.495	1,64	218	0,91	140	0,80	1.335	1,84
11.	Handel- und Gewerbetreibende[6)] (davon sind: Besitzer u. Direktoren von Fabriken, Direktoren von Aktiengesell u. Gesell. m.b.H.	19.861 (3.938)	21,75 (4,31)	5.365 (996)	22,51 (4,18)	4.029 (809)	23,00 (4,62)	15.832 (3.129)	21,46 (4,24)
12.	Privatangestellte in leitender Tätigkeit	5.052	5,53	1.380	5,79	1.025	5,85	4.027	5,46
13.	Sonstige Privatangestellte	5.852	6,38	1.142	4,79	751	4,29	5.074	6,88
14.	Arbeiter (einschließl. Gelegenheitsarbeiter u. Gehilfen)	2.778	3,04	288	1,21	220	1,26	2.558	3,47
15.	Sonstige Berufe	239	0,26	48	0,20	40	0,23	199	0,27
16.	ohne Beruf	216	0,24	51	0,21	36	0,23	180	0,24
17.	unbekannt	296	0,32	95	0,40	57	0,33	239	0,32
	Väterberufe zusammen	91.309	99,98*	23.858	100,08*	17.519	100,04*	73.790	100,07*
		*) Die Abweichung von 100% ergibt sich aus der Auf- bzw. Abrundung bei der Umrechnung der absoluten Zahlen in Prozentanteile							

1) des Reiches, der Länder, Gemeinden und sonstiger öffentlich-rechtlicher Verbände;
2) einschl. der Universitätsprofessoren, Geistlichen und Lehrer mit akademischer Bildung;
3) einschl. der Lehrer ohne akademische Bildung;
4) Anwälte, Ärzte, Apotheker, Schriftsteller, Privatgelehrte usw.
5) Rittergutsbesitzer, Domänenpächter, Besitzer und Pächter land- und forstwirtschaftlicher Großbetriebe
6) einschl. des Bergbaues, des Bank-, Verkehrs- und Versicherungswesens.

Quelle: Deutsche Hochschulstatistik, hg. v. den Hochschulverwaltungen; Bd. 6: Winterhalbjahr 1930/31, S. 12 ff.

Tabelle 9: Soziale Herkunft der Studierenden verschiedener Fakultäten nach Väterberufen.

		Stud. aller Fak.		Stud. Medizin		Stud. Rechts- und Staatswiss.		Stud. Pädagogik (Volksschulen, Berufsschulen)	
	Beruf des Vaters	absolut	%	absolut	%	absolut	%	absolut	%
1.	Höhere Beamte[1) 2)]	14.034	15,37	3.087	17,62	3.781	18,75	121	4,81
2.	Mittlere Beamte[1) 3)]	26.111	28,60	4.005	22,86	4.902	24,72	920	36,60
3.	Untere Beamte[1)]	2.296	2,51	255	1,46	359	1,81	115	4,58
4.	Angehörige freier Berufe mit akademischer Bildung[4)]	6.231	6,82	2.596	14,82	1.394	7,03	28	1,11
5.	Angehörige freier Berufe ohne akademische Bildung	2.013	2,20	392	2,24	481	2,43	26	1,03
6.	Offiziere und höhere Militärbeamte	1.381	1,51	265	1,51	460	2,32	9	0,36
7.	Sonstige Militärpersonen	79	0,09	12	0,07	6	0,03	0	-
8.	Großlandwirte[5)]	1.133	1,24	213	1,21	363	1,83	1	0,04
9.	Mittlere Landwirte	2.269	2,48	396	2,26	410	2,07	50	1,99
10.	Kleinlandwirte	1.495	1,64	140	0,80	186	0,94	77	3,06
11.	Handel- und Gewerbetreibende[6)] (davon sind: Besitzer u. Direktoren von Fabriken, Direktoren von Aktiengesell. u. Gesell. m.b.H.	19.861 (3.938)	21,75 (4,31)	4.029 (809)	23,00 (4,62)	4.907 (1.206)	24,75 (6,08)	453 (36)	18,03 (1,43)
12.	Privatangestellte in leitender Tätigkeit	5.052	5,53	1.025	5,85	1.176	5,93	144	5,73
13.	Sonstige Privatangestellte	5.852	6,38	751	4,29	929	4,69	257	10,23
14.	Arbeiter (einschließl. Gelegenheitsarbeiter u. Gehilfen)	2.778	3,04	220	1,26	392	1,98	292	11,62
15.	Sonstige Berufe	239	0,26	40	0,23	64	0,32	1	0,04
16.	ohne Beruf	216	0,24	36	0,23	46	0,23	8	0,32
17.	unbekannt	296	0,32	57	0,33	55	0,28	11	0,44
	Väterberufe zusammen	91.309	99,98*	17.519	100,04*	19.828	100,11*	2.513	99,99*
		*) Die Abweichung von 100% ergibt sich aus der Auf- bzw. Abrundung bei der Umrechnung der absoluten Zahlen in Prozentanteile							

1) des Reiches, der Länder, Gemeinden und sonstiger öffentlich-rechtlicher Verbände;
2) einschl. der Universitätsprofessoren, Geistlichen und Lehrer mit akademischer Bildung;
3) einschl. der Lehrer ohne akademische Bildung;
4) Anwälte, Ärzte, Apotheker, Schriftsteller, Privatgelehrte usw.
5) Rittergutsbesitzer, Domänenpächter, Besitzer und Pächter land- und forstwirtschaftlicher Großbetriebe
6) einschl. des Bergbaues, des Bank-, Verkehrs- und Versicherungswesens.

Quelle: Deutsche Hochschulstatistik, hg. v. den Hochschulverwaltungen; Bd. 6: Winterhalbjahr 1930/31, S. 12 ff.

Tabelle 10: Soziale Herkunft der Studentinnen verschiedener Fakultäten nach Väterberufen.

		Stud. aller Fak.		Stud. Medizin		Stud. Rechts- und Staatswiss.		Stud. Pädagogik (Volksschulen, Berufsschulen)	
	Beruf des Vaters	absolut	%	absolut	%	absolut	%	absolut	%
1.	Höhere Beamte[1) 2)]	3.553	21,78	757	23,29	306	27,95	79	12,31
2.	Mittlere Beamte[1) 3)]	4.360	26,73	591	18,18	149	13,61	241	37,54
3.	Untere Beamte[1)]	172	1,05	15	0,46	4	0,37	16	2,49
4.	Angehörige freier Berufe mit akademischer Bildung[4)]	1.455	8,92	487	14,98	164	14,98	16	2,49
5.	Angehörige freier Berufe ohne akademische Bildung	346	2,12	77	1,27	30	2,74	6	0,93
6.	Offiziere und höhere Militär beamte	348	2,13	58	1,78	26	2,37	7	1,09
7.	Sonstige Militärpersonen	15	0,09	2	0,06	-	-	-	-
8.	Großlandwirte[5)]	201	1,23	48	1,48	15	1,37	-	-
9.	Mittlere Landwirte	214	1,31	41	1,26	9	0,82	4	0,62
10.	Kleinlandwirte	69	0,42	5	0,15	1	0,03	3	0,47
11.	Handel- und Gewerbetreibende[6)] (davon sind: Besitzer u. Direktoren von Fabriken, Direktoren von Aktiengesell. u. Gesell. m.b.H.)	3.392 (859)	20,80 (5,27)	805 (236)	24,77 (7,26)	254 (80)	23,20 (7,31)	116 (11)	18,07 (1,71)
12.	Privatangestellte in leitender Tätigkeit	1.031	6,32	199	6,12	69	6,30	46	7,17
13.	Sonstige Privatangestellte	837	5,13	127	3,91	46	4,20	54	8,41
14.	Arbeiter (einschließl. Gelegenheitsarbeiter u. Gehilfen)	196	1,20	15	0,46	9	0,82	50	7,79
15.	Sonstige Berufe	29	0,18	8	0,25	2	0,18	1	0,16
16.	ohne Beruf	28	0,17	3	0,09	4	0,37	1	0,16
17.	unbekannt	68	0,42	12	0,37	7	0,64	2	0,31
	Väterberufe zusammen	16.314	100,00	3.250	99,98*	1.095	99,95*	642	100,01*
	jeweiliger Frauenanteil		17,87%		18,55%		5,52%		25,55%
		*) Die Abweichung von 100% ergibt sich aus der Auf- bzw. Abrundung bei der Umrechnung der absoluten Zahlen in Prozentanteile							

1) des Reiches, der Länder, Gemeinden und sonstiger öffentlich-rechtlicher Verbände;
2) einschl. der Universitätsprofessoren, Geistlichen und Lehrer mit akademischer Bildung;
3) einschl. der Lehrer ohne akademische Bildung;
4) Anwälte, Ärzte, Apotheker, Schriftsteller, Privatgelehrte usw.
5) Rittergutsbesitzer, Domänenpächter, Besitzer und Pächter land- und forstwirtschaftlicher Großbetriebe
6) einschl. des Bergbaues, des Bank-, Verkehrs- und Versicherungswesens.

Quelle: Deutsche Hochschulstatistik, hg. v. den Hochschulverwaltungen; Bd. 6: Winterhalbjahr 1930/31, S. 12 ff.

■ Maike Rotzoll, Marion Hulverscheidt (Hg.)
Nie geschehen
Schreiben über die Pest. Texte aus einem medizinhistorischen Lehrexperiment
Neuere Medizin- und Wissenschaftsgeschichte, Bd. 19, 2011, ca. 225 S.,
ISBN 978-3-86226-030-0, € 19,80

■ Cornelia Lindner
Vinzenz Czerny
Pionier der Chirurgie, chirurgischen Onkologie und integrierten Krebsforschung
Neuere Medizin- und Wissenschaftsgeschichte, Bd. 18, 2009, 255 S.,
ISBN 978-3-8255-0750-3, € 24,80

■ Wolfgang U. Eckard / Elsbeth Kneuper (Hg.)
Zur sozialen Konzeption des Kindes
Forschungen und Perspektiven verschiedener Wissenschaften
Neuere Medizin- und Wissenschaftsgeschichte, Bd. 17, 2003, 156 S.,
ISBN 978-3-8255-0650-9, € 19,90

■ Wilfried Witte
Erklärungsnotstand
Die Grippe-Epidemie 1918-1920 in Deutschland unter besonderer Berücksichtigung Badens
Neuere Medizin- und Wissenschaftsgeschichte, Bd. 16, 2006, 552 S.,
ISBN 978-3-8255-0641-4, € 28,90

■ Kerstin Prückner
„Aus dem Gebiete der gesammten Heilkunst..."
Die Heidelberger Klinischen Annalen und die Medicinischen Annalen. Eine Medizinische Fachzeitschrift zwischen Naturphilosophie und Naturwissenschaft
Neuere Medizin- und Wissenschaftsgeschichte, Bd. 15, 2004, 310 S.,
ISBN 978-3-8255-0481-6, € 26,90

■ Patrick Finzer
Zum Verständnis biologischer Systeme.
Reduktionen in Biologie und Biomedizin
Neuere Medizin- und Wissenschaftsgeschichte, Bd. 14, 2003, 202 S.,
ISBN 978-3-8255-0414-X, € 22,90

■ Patrizia Nava
Hebammen, Accoucheure und Man-midwives
Ein deutsch-amerikanischer Vergleich (1750-1850)
Neuere Medizin- und Wissenschaftsgeschichte, Bd. 13, 2003, 146 S.,
ISBN 978-3-8255-0410-7, € 19,50

www.centaurus-verlag.de